"

이 책을 읽을까,
읽지 않을까,
혹은
언제 읽을까로
당신의 인생이
달라질 것입니다.

"

: 7가지 조건을 충족시키고 **1%**의 **사람**이 될 수 있는가?

C
경제외적 가치
(가족, 친구, 개인적인 활동, 사회공헌)을 중시함
'권력(월급쟁이)지향'의
공무원 타입

D
경제외적 가치
(가족, 친구, 개인적인 활동, 사회공헌)을 중시함
'프로(독립)지향'의
연구자 타입

조건 4
조직에서 필요한 최소한의 스킬을
갖출 수 있다 OR 없다.

조건 4
평생을 바쳐도 된다고 생각할 정도로
좋아하는 것이 있다 OR 없다.

의 **사람** ⋯⋯⋯ 갖출 수 있다 / 있다

조건 5
쓸데없는 시간을
견딜 수 있다 OR 없다.

조건 5
결혼을 한다 OR
안 한다.

의 **사람** ⋯⋯⋯ 견딜 수 있다 / 한다

조건 6
조직 이외의 리얼한 커뮤니티에
속해 있다 OR 없다.

조건 6
집세가
있다 OR 없다.

의 **사람** ⋯⋯⋯ 속해 있다 / 없다

조건 7
일 이외에서 타인으로부터 신임을
얻을 수 있다 OR 없다.

조건 7
당신의 팬을
만들 수 있다 OR 없다.

얻을 수 있다 / 만들 수 있다

의 **사람** ←

있다! 4가지 '가치관 지향'별 판정차트 당신은

A

:)을 중시함
랑쟁이)지향'의
l입

B

경제적 가치
(월급, 연봉, 돈)을 중시함
**'프로(독립)지향'의
개인 사업가 타입**

을 하는가 OR

일을 한다

조건 4

사내 개인 사업가가
될 수 있다 OR 없다.

될 수 있다

1/16

!테이션력,
다 OR 없다.

있다

조건 5

1만 시간으로 기술을
습득할 수 있다 OR 없다.

습득할 수 있다

례주의', '무사안일주의'를
  OR 없다.

있다

조건 6

지명도가
있있다 OR 없다.

있다

  OR 없다.

없다

조건 7

자유, 외로움을
견딜 수 있다 OR 없다.

견딜 수 있다

1% 의 사람

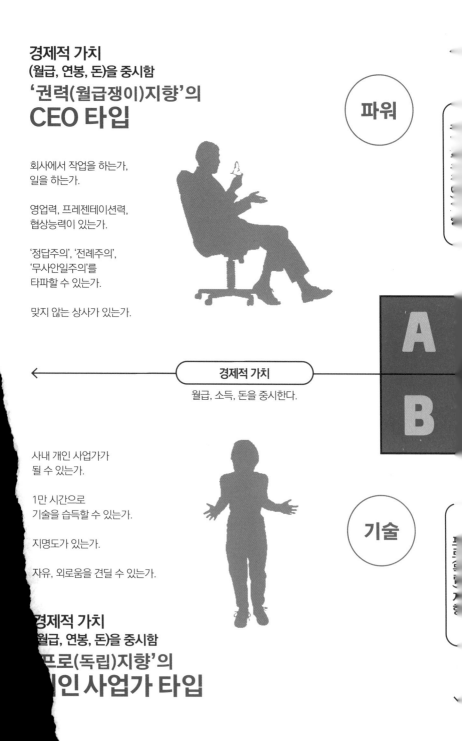

경제적 가치
(월급, 연봉, 돈)을 중시함
'권력(월급쟁이)지향'의
CEO 타입

회사에서 작업을 하는가,
일을 하는가.

영업력, 프레젠테이션력,
협상능력이 있는가.

'정답주의', '전례주의',
'무사안일주의'를
타파할 수 있는가.

맞지 않는 상사가 있는가.

파워

A

경제적 가치

월급, 소득, 돈을 중시한다.

B

사내 개인 사업가가
될 수 있는가.

1만 시간으로
기술을 습득할 수 있는가.

지명도가 있는가.

자유, 외로움을 견딜 수 있는가.

기술

경제적 가치
(월급, 연봉, 돈)을 중시함
'프로(독립)지향'의
개인 사업가 타입

이 책은 4가지 삶의 방식

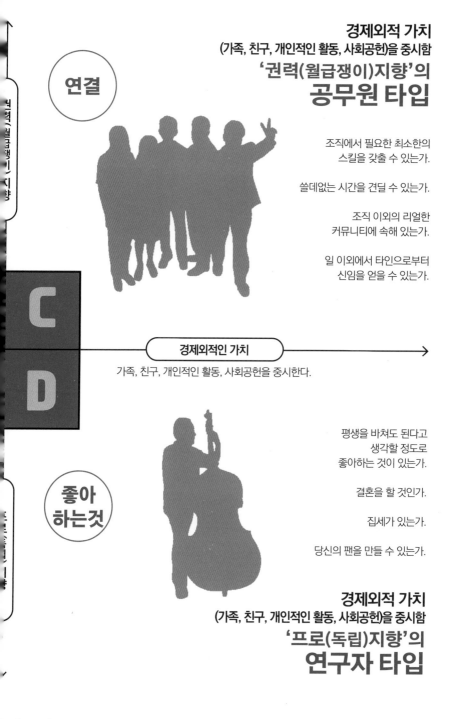

경제외적 가치
(가족, 친구, 개인적인 활동, 사회공헌)을 중시함
'권력(월급쟁이)지향'의
공무원 타입

조직에서 필요한 최소한의
스킬을 갖출 수 있는가.

쓸데없는 시간을 견딜 수 있는가.

조직 이외의 리얼한
커뮤니티에 속해 있는가.

일 이외에서 타인으로부터
신임을 얻을 수 있는가.

연결

C

D

경제외적인 가치

가족, 친구, 개인적인 활동, 사회공헌을 중시한다.

평생을 바쳐도 된다고
생각할 정도로
좋아하는 것이 있는가.

결혼을 할 것인가.

집세가 있는가.

당신의 팬을 만들 수 있는가.

좋아
하는것

경제외적 가치
(가족, 친구, 개인적인 활동, 사회공헌)을 중시함
'프로(독립)지향'의
연구자 타입

에 대응하고 있습니다.

자신이 나아가고 싶은 길을 알 수

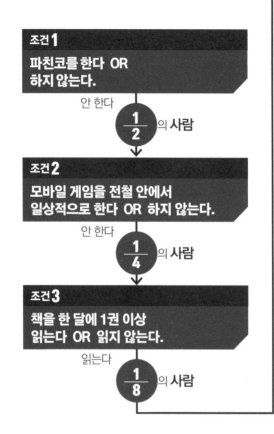

조건1
파친코를 한다 OR 하지 않는다.

안 한다 → $\frac{1}{2}$ 의 사람

조건2
모바일 게임을 전철 안에서 일상적으로 한다 OR 하지 않는다.

안 한다 → $\frac{1}{4}$ 의 사람

조건3
책을 한 달에 1권 이상 읽는다 OR 읽지 않는다.

읽는다 → $\frac{1}{8}$ 의 사람

경제적 가치
(월급, 연봉, 된
'권력(월급
CEO E

조건4
회사에서 작업
일을 하는가.

조건5
영업력, 프레
협상능력이 있

조건6
'정답주의', '전
타파할 수 있다

조건7
맞지 않는
상사가 있있디

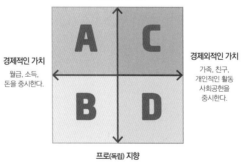

권력(월급쟁이) 지향

A **C**

B **D**

경제적인 가치
월급, 소득,
돈을 중시한다.

경제외적인 가치
가족, 친구,
개인적인 활동
사회공헌을
중시한다.

프로(독립) 지향

상위 1%가 되기 위한
리셋 혁명

FUJIHARA KAZUHIRO NO KANARAZU KUERU 1% NO HITONINARU
HOHO by Kazuhiro Fujihara

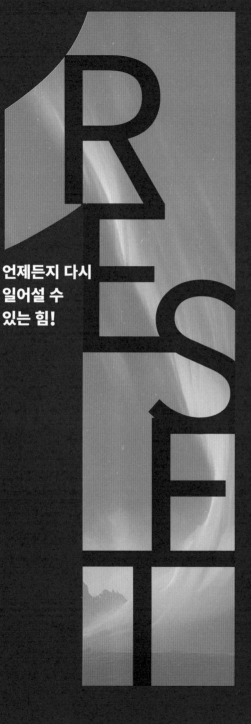

상위 **1%**가
되기 위한

리셋
혁명

후지하라 가즈히로 지음

서승범 옮김

언제든지 다시
일어설 수
있는 힘!

두드림미디어

먹고사는 데 걱정 없는 1%,
평생 일할 수 있는 나를 찾아서

저는 현재 나라(奈良)시립 이치조 고등학교의 교장으로 있습
니다. 奈良(나라)라는 말은 한국어로도 나라라고 발음하듯, 국
가 또는 고향이라는 의미입니다. 1300년 전, 나라의 수도는 平
城京(헤이 조오쿄)라고 불렸습니다. 거기서는 많은 도래인(渡來
人, 대부분은 한국과 중국에서 이주해서 일본에 갖가지 기술을 전파한
사람들)이 있어서 매우 국제적인 도시였습니다. 奈良(나라)가 대
불상과 사슴으로 유명한 것은 독자분들도 잘 알고 계시겠지요.

나라시가 운영하는 유일한 공립 고등학교가 이치조 고등학
교입니다. 한국과의 인연도 깊어서 경주 여자고등학교와 우호

관계(자매학교)를 맺고 있어 오늘(2017년 1월 8일)도 30명 가까운 여고생들이 교류행사로 본교를 방문해 홈스테이를 하고 있습니다. 교장인 저도 환영식에서 한국어로 인사말을 했습니다.

이번에 출판된 책은 젊은 비즈니스맨들을 위해 쓴 책입니다. 앞으로의 시대는 불투명한 일이 많지만 먹고사는 데 걱정 없다는 자신감을 갖기 위해서 우선 100명 중 1명의 희소가치가 있는 존재가 되자고 설파한 것입니다. 샐러리맨이든 공무원이든 어떻게 하면 자신의 가치를 높일 수 있는가? 이에 대해 저의 풍부한 경험을 바탕으로 실타래를 풀 듯 자신의 가치를 높이기 위해 가야 할 길을 구체적으로 제시했습니다.

당신이 언젠가 사장이나 간부가 되고 싶은 조직형 인간인지, 혹은 일의 성취감을 더 중요시하는 개인 사업가를 지향하는 사람인지, 아니면 공적인 조직에서 영향력을 행사하고 싶은 사람인지, 4개의 타입으로 나뉘어서 세밀하게 노하우를 제시하고 있으므로 당신이 더 잘 벌 수 있게 되는 구체적인 방법을 그려나가기 쉬울 것입니다.

일본에서 출판된 제가 쓴 77권의 책은 총 133만 부가 팔렸습니다. 이 중에 몇 권이 한국어로 번역되어 있습니다만, 최근 저서인《10년 후에도 일해야 하는 당신에게-한국판 제목(후지하라 선생님, 앞으로의 일하는 방법에 대해 알려주세요-일본 원서 제목)》와《책을 읽는 사람만이 손에 넣는 것》이 화제가 되었기 때문에 2016년 5월 14일 자 〈조선일보〉에 2페이지에 걸쳐서 특집으로 나갔습니다. 대단한 영광이라고 생각합니다.

한국도 일본도 앞으로 성숙사회로 들어갑니다만, 그 과정에서 조직과 개인의 관계가 바뀌게 됩니다. 당신이 조직 안에 있다고 하더라도 개인으로서의 희소성을 연마하지 않으면 돈벌이가 늘지 않는다는 것. 또한 네트워크 사회가 심화될수록 희소가치가 있는 존재가 아니면 SNS에서 아무리 어필을 해도 소용이 없게 됩니다. 아무쪼록 이 책을 옆에 두고 당신의 희소성을 연마해주십시오.

奈良(나라)는 지금 대불상과 사슴에 더해 제3의 관광자원이 조명받고 있습니다. 奈良(나라)의 명물에 사슴과 대불상 외에 이치조 고등학교가 손꼽히고 있다는 말입니다.

아무쪼록 奈良(나라)에도 꼭 한번 방문해주십시오!

- 후지하라 가즈히로

앞으로 비즈니스맨들은
극명하게 양극화될 것이다!

슈퍼 엘리트와 그 외의 사람들. 비즈니스맨도 상하 양극화되는 사회로 세상은 변해가고 있습니다. 비즈니스 세계에서는 글로벌한 슈퍼 엘리트를 많이 예찬합니다. 일본의 엘리트 비즈니스맨 중에는 외국계기업에 취직해 높은 수입을 얻는 사람도 있고, 해외에 진출해 현지인들과 대규모 사업을 벌이는 사람도 있습니다. 이와 같이 글로벌한 비즈니스맨들이 언론에 자주 거론되곤 합니다.

한편, 중국이나 인도의 우수한 인재들이 일본 현지 기업에 취업하기도 합니다. 그들은 임금이 저렴하기에 일본의 노동 시장을 위협하는 존재가 되고 있습니다. 단순 작업, 혹은 IT나 기계로 전환될 수 있는 일들을 중국이나 인도, 신흥국에 빼앗기고 있어 국내의 단순 작업이 줄어들 수밖에 없습니다. 뛰어난 일본인 인재를 이겨낼 방법도 없는 상황에서 외국인에게까지 일을 빼앗기고 있는 것입니다. 이처럼 어려운 비즈니스 환경 속에서 불안하지 않을 사람은 없을 것입니다.

"나는 특별한 스킬이나 능력도 없는데, 앞으로 먹고살 수나 있을까?"
"앞으로 일이 없어져 밥벌이를 못 할지도 모르겠다."
처참한 패배자의 미래를 상상하는 비즈니스맨들이 늘어날 수밖에 없습니다. 그렇다면 이런 상황은 일본에만 존재하는 것일까요?
세계가 글로벌화되면서 이런 양극화는 계속해서 일어나고 있고 그 변화의 흐름도 더욱 빨라지고 있습니다.

현재, 일본 중산층을 소득 400~800만 엔(한화 약 4,000~8,000만 원) 정도로 대략 판단합니다. 그런데 앞으로는 소득 200~400만 엔의 사람들과 소득 800만 엔 이상의 사람들로 나뉘게 됩니다. 게다가 시간이 지나면 지날수록 이 격차는 더 양극화될 것입니다. 소득 200~400만 엔쯤 되는 대부분의 사람들이 '신중산층'으로 불리게 될 미래가 도래했다는 것입니다. 이것은 피할 수 없는 현실입니다.

'경제적 가치'보다 '경제외적 가치', '권력 지향'보다 '프로 지향'의 사람들이 늘고 있다!

그렇다면 슈퍼 엘리트에 속하지 않는다고 해서 무작정 절망해야 하는 것일까요? 그들의 미래는 무작정 암흑 같은 어둠뿐인 걸까요?

결코 그렇지 않습니다. 평균치보다 소득을 더 많이 올리는 것이 갈수록 더 어려워질지도 모르지만, 소득만이 삶의 보람과 기준이 되는 것은 결코 아니기 때문입니다.

저는 자주 '경제적 가치'와 '경제외적 가치'라는 표현을 쓰곤 합니다. '경제적 가치'란 월급이나 소득을 비롯해 돈을 중시하는 사고방식이고, '경제외적 가치'란 가족이나 친구, 개인적인 활동이나 사회공헌을 중시하는 사고방식을 말합니다. 행복의 가치를 돈이 아닌 방법으로 찾는 것입니다. '경제적 가치'

만을 추구하는 것이 아니라, '경제외적 가치'에서 삶의 보람을 찾아내 행복을 얻는 것이지요. 일 중심의 삶이 아닌 가족, 친구들과 지내는 시간, 혹은 인터넷을 통한 활동이나 사회공헌 같은 일로 가치를 찾아내는 것입니다. 요즘 젊은이들은 혼자 살면서도 외롭지 않은 삶을 추구합니다. 그건 바로 이러한 삶의 방식을 따르고 있기 때문일 것입니다. 그런 사람들이 더욱 늘어나고 있지요.

'권력(월급쟁이) 지향'의 중심, 즉 출세만이 목표인 사람들이 과거의 모습이었다면 지금은 '프로(독립) 지향'의 사람들도 늘어나고 있습니다. 조직 안의 권력만을 목표로 하지 않는 것입니다. 대학생들 사이에 취직난이 문제가 된 것은 어제오늘 일이 아닙니다. 이유는 대부분의 대학이 사회에 진출한 후 도움이 될 수 있는 학문을 가르치지 않고 있다는 데 있습니다.

"대학에 가봐야 앞으로 밥벌이가 안 된다. 내가 좋아하는 일에서 기술을 연마해 프로가 되자."

학생들이 차라리 이렇게 생각하지 않을까요? 취직률이 나쁜 대학은 도태되고, 학생과 대학 모두가 '프로 지향'으로 변할 것입니다. 이러한 추세는 영어 교육을 철저하게 하고 있는 아키타(秋田)의 국제교양대학이나 국제기독교대학(ICU), 가나자와 (金澤)공업대학 등의 취직률이 높기로 유명한 곳을 통해 드러납니다. 학생과 기업 양쪽에서 인기를 얻고 있습니다. 이들 학교에서 공통된 것은 실학을 습득시킨다는 것입니다. 즉, '프로 지향'의 인재를 육성하는 자세입니다. 월급으로 안정이 보장되던 시대는 이미 지났습니다. 기업의 재편이나 구조조정 등이 가속화되고, 정사원의 지위를 얻는다고 해도 안심할 수 없게 되어버렸죠. 어디서든 밥벌이를 할 수 있는 '프로 지향'적 욕구는 더욱 높아질 것입니다.

7가지 조건을 충족시키면 누구라도 '100명 중 일인자'인 1%의 사람이 될 수 있다

나는 돈을 중심으로 하는 '경제적 가치'를 추구해갈 것인가, 아니면 인간관계 활동이나 사회공헌 등을 중시하는 '경제외적 가치'를 추구할 것인가. '권력 지향'을 목표하는 회사조직에 남아 출세를 꿈꿀 것인가. 그도 아니라면 조직이라는 범위에서 벗어나 스킬 획득을 위해 '프로 지향'적 삶을 영위할 것인가. 어떤 길이 최상의 선택인지는 아무도 알 수 없습니다. 자신의 가치관과 지향에 따라 멋진 결론을 내려야 할 것입니다. 어둡고 어두운 낯선 길에서 빛도 나침반도 없다면 얼마나 불안할까요? 안심하세요. 이 책은 어둠 속 당신의 손에 들린 지도와 나침반이 되어드릴 것입니다.

세계를 무대로 활약하는 슈퍼 엘리트! 그 외의 사람들이 살아남기 위한 최고 핵심사항, 그것은 상위 1%, 즉 '100명 중 일인자', 희소가치에 속한 사람(rare)이 되는 것입니다. 헷갈리지 마세요, '1만 명 중 일인자'가 아닙니다. '1,000명 중 일인자'도 아닙니다. '100명 중 일인자'가 되는 것입니다. 확실하고 자신합니다. 이 책에서 소개하는 7가지 조건만 갖추게 되면 누구라도 상위 1%의 사람이 될 수 있습니다. '100명 중 일인자', 상위 1%의 희소성만 획득할 수 있다면 어떤 분야에서든 최고가 될 수 있습니다. 다수의 경쟁에서도 벗어날 수 있습니다. 곧 밥벌이를 걱정하지 않아도 된다는 말입니다.

⟨도표 1⟩ 당신도 상위 1%가 될 수 있다!

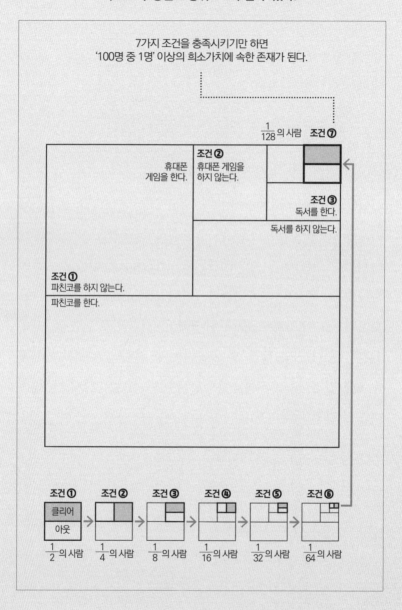

7가지 조건을 충족시키기만 하면
'100명 중 1명' 이상의 희소가치에 속한 존재가 된다.

$\frac{1}{128}$의 사람   조건 ⑦

조건 ②
휴대폰   휴대폰 게임을
게임을 한다.   하지 않는다.

조건 ③
독서를 한다.

독서를 하지 않는다.

조건 ①
파친코를 하지 않는다.

파친코를 한다.

조건 ①   조건 ②   조건 ③   조건 ④   조건 ⑤   조건 ⑥

클리어

아웃

$\frac{1}{2}$의 사람 $\frac{1}{4}$의 사람 $\frac{1}{8}$의 사람 $\frac{1}{16}$의 사람 $\frac{1}{32}$의 사람 $\frac{1}{64}$의 사람

그것이야말로 슈퍼 엘리트가 아닌 일반 비즈니스맨으로 살아가는 멋진 방법입니다. 우선 왜 7가지 요건만 갖추면 상위 1%의 사람이 어떻게 될 수 있는지 설명하겠습니다. 그것이 바로 이 책의 목적입니다.

단순한 계산 문제를 한번 풀어볼까요? '2의 7제곱'의 계산식을 머릿속에 떠올려보시기를 바랍니다(도표 1).

첫 번째 조건을 충족시키면 당신은 '2분의 1'의 사람이 될 수 있습니다.

두 번째 조건도 충족시킬 수 있으면 '4분의 1'의 사람이 될 수 있습니다.

세 번째 조건도 충족시킬 수 있으면 '8분의 1'의 사람이 될 수 있습니다.

즉, 세상이라는 전체에서 이 시점을 볼 때 이미 '8분의 1' =12.5%만 희소가치가 있는 사람이라는 것입니다. 4번째 조건을 충족시키면 '16분의 1'의 사람, 5번째 조건을 충족시키면 '32분의 1'인 사람, 6번째 조건을 충족시키면 '64분의 1'인 사람, 그리고 7번째 조건을 충족시키면 '128분의 1'인 사람이 될 수 있습니다.

어떤가요? 딱 7개의 조건을 충족시켰을 뿐인데 '100명 중 일인자' 이상의 희소가치를 가진 사람이 되었습니다. 참으로 놀라운 일이죠?

과거의 일본 사회에서
성공하는 7가지 조건

앞으로 상위 1%의 사람이 되기 위한 7가지 조건에 대해 해설하겠지만, 이 7가지 조건이라는 것은 예부터 있었던 일본 사회의 성공조건과는 분명 다릅니다. 그것은 20세기까지를 기준한 것이기 때문입니다. 지금은 최첨단인 21세기로 들어선 지 한참입니다. 세계는 하루가 달리 변하고 변화의 속도는 더욱 빨라지고 있으니까요.

과거의 성공조건 1 | 남자 VS 여자 ➔ 남자

능력의 유무를 떠나 여자라는 이유만으로 손해를 본 경험이 있을 것입니다. 일단 일반직(일본의 특이한 제도-2년제 대학, 고졸 여성들이 잠시 머물다 가는 사무직을 지칭)밖에 할 수 없었고, 결혼하면 퇴직은 당연한 관례였습니다. 그러니 조직에서 여성은 경쟁자로 보지도 않았습니다. 남자는 남자라는 이유만으로, 여자보다 능력이 부족해도 리더가 될 수 있었던 시절이 오랫동안 지속되었습니다.

과거의 성공조건 2 | 도시 거주 VS 지방 거주 ➙ 도시 거주

도쿄나 오사카 등 대도시에 압도적으로 자본이 집중되어 있어, 일본 국내의 일류기업뿐만 아니라 세계의 일류기업이 본사를 두는 곳도 도시부입니다. 당연히 일할 곳이 많아 도시부에 살고 있다는 것만으로 사업 기회가 많이 주어졌습니다.

과거의 성공조건 3 | 정사원 VS 파견/위촉사원 ➙ 정사원

미래의 계획에 대해 별다른 고민 없이 일할 수 있도록 사원 종신고용제를 전제로 한 복리후생과 건강보험 후생 연금제도 등으로 많은 보장을 해온 것이 일본의 기업들입니다. 그렇기에 정사원이 되면 압도적으로 우위에 서게 되고, 파견사원이나 아르바이트, 프리랜서인 사람들은 보장의 범위에서 벗어나기 쉬웠기에 불안정한 생활을 할 수밖에 없었습니다. 정사원이라는 것은 그렇게 매력적이었습니다.

과거의 성공조건 4 | 나이 듦 VS 젊음 ➙ 젊음

젊으면 고용기회가 늘어나고, 나이 든 사람보다 유리했습니다. 많은 나이가 취업 시장의 장애가 되었고 사람의 경험이나 능력과 상관없이 '35세 전직 한계설'이 있었습니다. 그 결과, 35세가 지나면 회사에 매달릴 수밖에 없다는 사람이 많이 있었습니다.

과거의 성공조건 5 | 미남/미녀 VS 그 반대 ⤳ 미남/미녀

외모의 아름다움이 성공의 한 요인이 되기도 했지요. 미남이나 미녀는 첫인상이 좋기에 구직활동에 유리하게 작용했던 게 사실이니까요. 입사 후 일본은 실력보다 인간관계나 술자리에서 일을 쟁취해왔기에 곁에 있기만 해도 기분이 좋아지는 미남 미녀의 역할을 중요히 여겼지요.

과거의 성공조건 6 | 영어가 가능한 글로벌파 VS 로컬파 ⤳ 글로벌파

영어를 잘하기만 해도 노동 시장에서의 가치는 확 높아지고 글로벌 사회에서 돈을 벌 수 있었습니다. 지금은 "영어만 잘하고 일은 못하는 사람이 있다"라는 것을 다들 알고 있지만, 10년 전만 해도 유학파나 2개 국어 가능자라면 다들 특별히 여겼으니까요. 심지어는 영어만 잘하면 무작정 고마워하는 조직도 있었습니다.

과거의 성공조건 7 | 소득 수백만 엔(수천만 원) 이상 VS 그 이하 ⤳ 수백만 엔 이상

사람들은 대부분 신제품이나 명품을 좋아합니다. 고도경제성 장기나 거품경제 때는 물건에 대한 동경심으로 명품이 쉽게 팔리곤 했지요. 여자들이 대부분 전업주부였던 시절, 남자들만이 가계경제의 책임을 지고 있었기에 '돈을 잘 버는 남자'가 최고이던 시절이었죠.

이상이 전통적 일본 사회에서 성공 여부를 가늠해온 7가지 조건이었다고 생각합니다. 고도경제성장기에서 거품기까지, '성장사회'에서 이 7가지 조건을 모두 갖춘 사람들은 능력과 관계없이 성공을 약속받은 사람이었다고 할 수 있습니다. 요컨대 '대도시에 살고 영어가 능통하며 소득 수백만 엔(수천만 원)쯤 되는 젊고 잘생긴 대기업의 남자 정직원!' 맞습니다. 얼마 전까지는 그랬죠. 바로 이런 사람들이 성공의 기준이었으니까요.

당신은 어떤 영역을 지향할 것인가.
'가치관×지향'별 매트릭스

그런데 거품경제가 붕괴한 시대가 찾아옵니다. '성숙사회'라는 현대로 들어가게 된 것입니다. 이 7가지 조건이 모든 사람과 조직의 성공조건으로 통용되지 않게 되었죠. 삶과 가치관은 다양화되었고, '도시의 화이트컬러'를 성공의 모델로 여기지 않게 되었습니다.

최근까지도 사람들은 '경제적 가치'와 '권력 지향'을 단 하나의 영역으로 여겼습니다. 그러나 지향하는 영역이 사람에 따라 달라지는 시대가 온 거죠. 7가지 조건을 충족시킨다 해서 누구나 성공할 수 있는 게 아닌 세상이 된 것입니다. 삶의 가치관이 다양화된 시대, 사람들이 지향하는 영역을 다음 2가지로 이 책은 설명하고자 합니다.

　가로축이 '경제적 가치(월급, 소득, 돈)를 중시'하는지, 아니면 '경제외적 가치(가족, 친구, 개인적인 활동, 사회공헌)를 중시'하는지, 세로축은 '권력(월급쟁이) 지향'인지, '프로(독립) 지향'인지입니다. 이 매트릭스에서 4가지 영역으로 분류해 각각의 타입에 맞는 7가지 조건을 소개하겠습니다(도표 2).

〈도표 2〉 당신은 어떤 타입? - 4가지 영역의 매트릭스

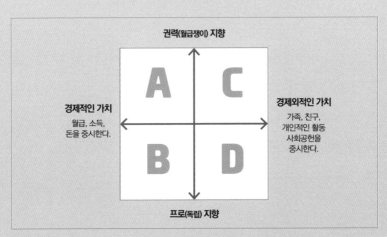

A영역은 '경제적 가치를 중시하고 권력 지향'인 사람. 즉 'CEO 타입'입니다. 전통적인 일본 사회에서는 이 영역에서 최고의 자리에 올라가는 것을 모두가 지향했습니다. 지금 시대에도 사라진 것은 아닙니다. 최고의 자리에 올라가고자 하는 것은 아마 미래에도 완전히 사라지지 않을 가치임은 분명하니까요.

B영역은 '경제적 가치를 중시하고 프로 지향'인 사람. 이른바 '개인 사업가 타입'입니다.

C영역은 '경제외적 가치를 중시하면서 권력 지향'인 사람. 즉 '공무원 타입'입니다.

D영역은 '경제외적 가치를 중시하면서 프로 지향'인 사람, 즉 '연구자 타입'입니다.

무엇으로 성공을 가늠할 것인가, 무엇을 행복이라 할 수 있을까? 그것은 사람에 따라 다르겠지요. 하지만 누구나 이 4개의 영역 중 하나를 지향하면서 살아가고 있음을 발견할 수 있을 것입니다.

또 상황에 따라 어떤 시기에는 A영역의 '경제적 가치를 중시하면서 권력 지향'이다가 지금은 D영역인 '경제외적 가치를 중시하면서 프로 지향'으로 바뀐 사람도 분명 있을 테고 말입니다. 평생 하나만의 영역을 지향하는 건 예전 비즈니스맨이 살아가는 방식일 것입니다. 지금은 변화 속도가 빠르고, 그 속도에 맞춰 자신의 상황이 수시로 바뀌기에 삶의 방식도 유연하게 바뀌는 건 당연합니다.

그렇다면 지금 나는 어떤 영역에서 어느 위치에 있을까요? 과연 어느 쪽 방향을 향해 일하고 있을까요? 나의 위치를 잘 살펴보셨나요? 그렇다면 A영역, B영역, C영역, D영역에서 상위 1%가 되기 위한 7가지 조건을 충족시켜주시기 바랍니다. 어느 영역을 향해가고 있는지에 따라 해야 할 일과 해서는 안 되는 일이 분명히 다릅니다. B영역을 지향한다면 해서는 안 되는 조건이 C영역을 지향한다면 솔선수범의 조건이 될 수도 있으니까요.

모두가 같은 조건으로 경쟁하는 것은 예전의 방식입니다. 자신의 '가치관×지향'에 맞는 영역에서 필요한 것을 하나씩 충족시켜가면 되는 것입니다.

한 분야에서 '1만 명 중 일인자',
'100만 명 중의 일인자'가 되기는 매우 어렵다

만약 20대에 어떤 분야에서 '100명 중 일인자'가 된다면 30대에 또 다른 분야에 도전해 2개의 분야에서 '100명 중 일인자'가 되는 것을 지향해봅시다. 20대의 자신감을 30대까지 이어보는 것입니다. 어때요, 준비되셨나요?

당신이 그렇게 할 수 있다면 40대에 또 다른 분야에 도전해, 3개의 분야에서 '100명 중 일인자'가 되는 것을 지향할 수 있습니다. 멋지지 않나요? 한 분야에서 프로가 되면 그대로 그 분야만을 추구하는 것보다 다른 분야로 나가 복수의 분야에서 프로가 되는 것, 이제 그것은 상상이 아닌 현실이 됩니다. 글로벌 슈퍼 엘리트가 아닌 보통의 비즈니스맨이 살아남을 수 있는 길, 저는 바로 이것이라고 생각합니다. 한 분야에서 '100명 중 일인자'가 된 후 다시 '1만 명 중 일인자', '100만 명 중 일인자'가 되는 것은 매우 힘든 길이기 때문이죠.

'100명 중 일인자'까지는 누구라도 1만 시간만 투자하면 됩니다(1만 시간의 이유는 제2장에서 설명함)만 높은 고지를 지향할수록 세계 수준의 강자들이 모여 있어 치열한 경쟁이 됩니다. 꿈은 혼자만 꾸는 게 아니기 때문이지요. 어떤 분야에서 '1만 명 중 일인자'가 되기 위해서는 그 아래에는 9,999명의 패자가 있다는 것입니다. 이 무서운 경쟁을 뚫으려고 무작정 노력을 계속하는 것은 위험부담이 너무 큽니다. 더 위인 '100만 명 중 일인자'가 되려면 99만 9,999명과 싸워서 이겨야 합니다.

올림픽에서 메달을 따는 것이 얼마나 힘든지 생각해보도록 할까요? 혼자 3번의 올림픽에 출전이 가능하다 해보죠. 2004년 아테네 올림픽에서 2012년 런던올림픽까지 하계 올림픽의 금메달 수상자는 30명, 은메달은 21명, 동메달은 34명, 총 85명(단, 개인경기에서 메달 1개를 1인으로 계산한 경우)입니다. 일본의 생산연령인구(15세 이상, 65세 미만)는 약 8,000만 명이기에(일본 총무성 '노동력 조사', 2012년), 대략 '100만 명 중 1인' 즉 '0.000001%'의 확률입니다.

노벨상으로 보면 일본인 중 최근 10년간의 노벨상 수상자는 7명이기에 대략 '1,000만 명 중 1인'으로 '0.0000001%'의 확률입니다. 생각만으로도 어마어마한 경쟁률이라는 걸 알 수 있죠. 그렇다면 당신이 체조 분야에서 우치무라 코헤이(內村航

平) 선수처럼 될 확률은 얼마일까요? 우치무라 선수는 체조선수인 부모에게서 태어났죠. 3살 때부터 체조를 시작했고, 여동생도 체조선수로 자랐습니다. 그는 '100만 명 중 일인자'가 될 수 있었지요.

그렇다면 우리도 가능할까요? 지금부터 시작해서 따라잡을 수 있다면 시작해도 되겠지만, 사람들 대부분 따라잡을 수 있을 가능성이 극히 낮다는 것을 잘 알 것입니다. 당신은 앞으로 iPS 세포 분야에서 노력해 야마나카 신야(山中伸弥) 교수처럼 될 수 있을까요? 될 수 있다면 망설이지 말고 그 길을 계속 매진하시기 바랍니다. 그러나 야마나카 교수조차도 도중 몇 번이나 좌절해야 했고, 노력의 보상도 제대로 받지 못했습니다. 그래도 노력을 계속한 결과, '1,000만 명 중 일인자'가 될 수 있었습니다

2개의 분야에서 '1만 명 중 일인자', 3개 분야에서 '100만 명 중 일인자'라면 될 수 있다

보통 사람이 '100만 명 중 일인자', '1,000만 명 중 일인자'

가 되려 한다면 뭔가 다른 작전이 필요합니다. 전략이 세워졌다면 전술은 보다 더 뛰어나야 하니까요. 그렇다면 어떤 전술이 필요할까요?

이때 꼭 생각해야 할 것은 '100명 중 일인자', 누구라도 노력하면 될 수 있다는 것입니다! 그렇다면 하나의 분야가 아닌 2개, 3개의 다른 분야에서 '100명 중 일인자'가 되어, 나머지 분야 자체를 곱하면 된다는 것이 포인트입니다.

20대에 어떤 분야에서 '100명 중 일인자'가 된다면 30대에는 다른 분야에서 '100명 중 일인자'가 되고, 그런 식으로 하다 보면 '100분의 1'×'100분의 1'='1만 명 중 일인자'의 희소가치를 획득할 수 있게 되는 것입니다. 셈이 복잡한 것 같은데, 한 번 더 읽어보면 아주 쉬운 문제입니다. 어때요. 이제 40대로 가 볼까요?

더 나아가 40대에 또 하나의 분야에서 '100명 중 일인자'가 되면, 이번에는 '100분의 1'×'100분의 1'×'100분의 1'='100만 명 중 1인 자'와 같은 매우 희소가치가 높은 사람이 될 수 있습니다. '100만 명 중 일인자'라는 것은 앞서 계산한 것처럼 올림픽의 메달리스트급 존재입니다. 매우 희소가치가 높은 사람이 되는 것이죠. 어떤가요? 메달리스트가 되는 것보다 3개의 분야에서 각각 '100명 중 일인자'가 되는 편이 훨씬 난이도가 낮지 않나요? 3개의 분야에서 각각 1만 시간씩 시간과 노력을 들이기만 하면 되니까요.

글로벌 슈퍼 엘리트가 될 수 없어 애석한가요? 걱정하지 마세요! 그 이외의 사람들은 여러 개의 직업을 곱하는 것으로 보다 희소가치가 높은 사람이 되는 작전을 짜보도록 합시다. 저도 20대, 30대에는 영업과 프레젠테이션이라는 2가지 분야에서 각각 1만 시간씩 들여서 '1만 명 중 일인자'가 되는 길을 걸어왔습니다. 47세에서 52세까지의 5년간은 하루에 10시간 이상, 스기나미(杉並)구립 와다(和田) 중학교의 교장으로 교육만을 생각해왔으니, 역시 1만 시간을 들인 셈이지요.

즉, 저는 '영업', '프레젠테이션', '교육'이라는 3개의 분야에서 '100명 중 일인자'가 될 수 있었기에 결과적으로 3개를 곱해 '100만 명 중 1 인자'가 될 수 있었던 것입니다.

곱셈을 하면
반드시 밥벌이가 된다!

무슨 말인가 할 것입니다. '곱셈으로 밥벌이를 한다니' 하고 말입니다. 복수의 분야를 곱해 희소가치가 높은 사람이 되면 될수록 밥벌이가 될 확률도 높아집니다. '100명 중 일인자'라는 것은 그 출발점이라 생각해주십시오. 프로라고 말해도 되는 수준입니다.

'100명 중 일인자'는 임대빌딩 중에서 일인자라는 이미지, '1만 명 중 일인자'는 한 마을의 일인자라는 이미지, '100만 명 중 일인자'라는 것은 한 세대의 일인자라는 이미지입니다. 모두 일인자의 이미지이지만 주변의 사람 수는 어마어마하게 다릅니다.

가령 연예계 특히 개그맨의 세계는 매우 경쟁이 심하기 때문에 '100명 중 일인자' 수준으로는 개그 하나로 먹고살기 어려울지도 모릅니다. 아카시야 산마 씨(明石家さんま, 일본의 유명한 만담가, 사회자)처럼 '100만 명 중 1인', '1,000만 명 중 1인'의 재능을 가진 사람과 같은 무대에서 싸워야 하기 때문입니다.

마찬가지로 미용사의 세계도 경쟁이 심해 '100명 중 일인자' 수준으로는 독립해 먹고살기가 어려울지도 모릅니다. 오모테산도(表參道)에서 '카리스마 미용사'로 불리기 위해서는 '100만 명 중 일인자'가 되어야 합니다.

그러나 '100명 중 일인자' 정도의 개그맨이 수업을 쌓아서 '100명 중 일인자'인 미용사가 되면 '개그맨 미용사'라는 획기적인 느낌을 낼 수 있습니다. 이런 희소성은 '100명 중 일인자'×'100명 중 일인자'='1만 명 중 일인자', 한 마을에 한 사람밖에 없는 '개그맨 미용사'가 되면 고객들은 꼭 찾아올 것입니다. 곱셈함으로써 '지역에서 제일가는 가게'를 지향하면 됩니다.

그 밖에도 '여행 가이드'와 '애완동물'이라는 곱셈을 생각해볼 수도 있습니다. 여행사에서 여행 가이드를 10년 하다가 '100명 중 1인자'인 된 여행 가이드가 되어봤자 그것만으로 독립해서 먹고살기는 힘듭니다. 그래서 자신이 좋아하는 애완동물 분야로 옮겨 브리더(동물 사육사)나 맹도견 훈련사에 도전해 '100명 중 일인자'인 애완견의 프로가 되는 것입니다. 그렇게 하면 '애완견과 함께 가는 여행'이라는 새로운 사업을 구상할 수도 있습니다.

'1만 명 중 일인자'가 안내하는 '애완견과 함께 가는 여행'은 만약 경쟁자가 출현한다고 하더라도 매우 적을 수밖에 없습니다. 아니 경쟁자가 한 명도 없을 수도 있겠지요. 애완견과 함께 여행 가고 싶은 사람이 많기에 반드시 밥벌이가 될 수 있습니다. 세상은 지금 '성숙사회'로 더욱 들어서는 중입니다. 그때는 아마도 고독해지는 사람들이 더 늘어날 테고 그 고독을 위로하기 위해 반려동물과 함께하는 사람이 더 늘어날 것입니다. '애완견과 함께 가는 여행', 어쩌면 보장된 미래의 비즈니스입니다. 어때요, 한번 도전해보시겠습니까?

자, 출발점을 찾아봅시다. 우선 하나의 분야에서 '100명 중 일인자'인 상위 1%의 사람이 되어야 합니다. 그곳이 바로 출발지점입니다. 숨을 고르셨나요? 당신 앞에 출발지점이 놓여 있습니다. 당신은 이미 100명 중 일인자입니다. 두려울 것이 전혀 없습니다.

이 책을 읽고 A영역, B영역, C영역, D영역에서 부디 7가지 조건을 충족시켜, 꼭 밥벌이를 할 수 있는 희소가치가 있는 사람이 되십시오.

| 차 례 |

서론
모든 사람에게 공통되는 3가지 조건
우선은 이 3가지 조건을 충족시켜 '12.5명 중 일인자'가 되어라!

조건 6 '정답주의', '전례주의', '무사안일주의'를 타파할 수 있다   YES or NO
정답주의, 전례주의, 무사안일주의를 타파할 수 있는 사람이 되어라!

조건 7 나에게 맞지 않는 상사가 있다   YES or NO
위로 가면 갈수록 상사가 최대의 리스크

제2장 B
경제적 가치 × 프로 지향 ▶ 개인 사업가 타입
'기술'을 추구하는 사람의 4가지 조건

조건 4 사내 개인 사업가가 될 수 있다   YES or NO
사내 개인 사업가가 되어라!

조건 5 **1만 시간으로 기술을 체득했다   YES or NO**
1만 시간으로 기술을 체득하라!

조건 6 **지명도가 있다   YES or NO**
지명도를 높이기 위한 소품에 신경을 써라!

조건 7 자유, 외로움을 견딜 수 있다   YES or NO
자유, 외로움을 견딜 수 있는 사람이 되어라!

제3장 [C]
경제외적 가치 ✕ 권력 지향 ▶ 공무원 타입
'연결'을 추구하는 사람의 4가지 조건

조건 4 조직에서 필요로 하는
최소한의 스킬을 갖출 수 있다   YES or NO
조직에서 필요한 최소한의 스킬을 습득하라!

조건 5 쓸모없는 시간을 견딜 수 있다   YES or NO
쓸모없는 시간을 견딜 수 있는 사람이 되어라!

제4장 D
경제외적 가치 × 프로 지향 ▶ 연구자 타입
'좋아하는 것'을 추구하는 사람의 4가지 조건

모든 사람에게 공통되는 3가지 조건

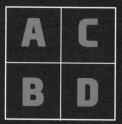

우선은 이 3가지 조건을 충족시켜
'12.5명 중 일인자'가 되어라!

권력(월급쟁이) 지향

```
        A    C
```

경제적인 가치
월급, 소득,
돈을 중시한다.

```
        B    D
```

경제외적인 가치
가족, 친구,
개인적인 활동
사회공헌을
중시한다.

프로(독립) 지향

| 조건3 | **책을 한 달에 1권 이상 읽는다.** YES or NO

☑ 매니지먼트해서 얻은 시간을 우선 독서에 투자한다.
☑ 책을 읽지 않는 사람은 1차적인 정보로만 말할 수 있다.
☑ '정보처리 능력'보다 '정보편집력'으로 교양을 쌓는다.

| 조건2 | **전철 안에서 모바일 게임을 일상적으로 한다.** YES or NO

☑ 당신이 인사 담당자라면 전철에서 모바일 게임에 몰두하는
사람을 채용할까?
☑ 모바일 게임에 빠지는 사람은 미디어를 주체적으로
통제할 수 없다.

| 조건1 | **파친코를 한다.** YES or NO

☑ 평일 아침부터 파친코 가게 앞에 줄을 서는 사람에게
위화감을 않는가.
☑ 경마나 마작이라면 머리를 쓴다!
☑ 핵심은 시간을 매니지먼트하는 발상이 있는가, 없는가이다.

4개의 영역에서 공통되는 3가지 조건

'경제적 가치를 중시하고, 권력 지향'인 CEO 타입(A영역)

'경제적 가치를 중시하고, 프로 지향'인 개인 사업가 타입(B영역)

'경제외적 가치를 중시하고, 권력 지향'인 공무원 타입(C영역)

'경제외적 가치를 중시하고, 프로 지향'인 연구자 타입(D영역)

이 4가지 영역 중 '100명 중 일인자', 상위 1%가 되어봅시다. 그러기 위한 첫 번째 3가지 조건은 모두 같습니다. 최소한의 3가지 조건을 충족시키는 것인데, 우선 '8분의 1'의 희소성이 있는 사람이 되기 위한 요소입니다.

만약 당신이 이 시점에서 3가지 조건을 충족시킬 수 없는 '8분의 7'에 속하는 사람이라면 독하게 들릴지 모르지만, 이제 책을 덮어도 좋습니다. 이처럼 처음 3가지 조건은 최소한의 것입니다. 부디 3가지 조건을 충족시켜주십시오. 각각의 목표지점에 서 있게 될 것입니다.

조건 **1**

파친코를 한다

▶ 파친코를 하지 않는 사람이 되어라!

평일 아침부터 파친코 가게 앞에
줄을 서는 사람에게 위화감을 느끼지 않는가?

　파친코의 습관이 있는 사람은(심한 말이 될 수 있으나) 사회 전체의 '2분의 1'에 들어가지도 못한다고 생각합니다. "파친코의 어떤 점이 그리 나쁜가?"라고 묻는 분도 계시겠지요? 학생 시절 시간이 남아돌아 조금 해본 정도라면 문제 될 것이 없겠지요.

　그러나 사회에 나와서도 파친코가 일상적이 되어 있다면 크든 작든 '도박 의존증'이라 안 할 수가 없습니다. 도박은 최고의 악습관이기 때문이지요. 파친코 역시 예외일 수가 없습니다. 어느 선을 넘다 보면 돈을 빌리게 되고, 갚지 못하게 되면 결국 잠적해버리기도 하니까 말이지요. 인간관계에 악영향을 미칠 위험성이 매우 큽니다. 거리를 걷다 보면 파친코 가게 앞에 줄을 서 있는 사람들이 종종 보입니다. 평일 아침인데도 말이지요.

당신이 인사과의 채용담당자라 한번 생각해봅시다. 아침부터 파친코 가게 앞에 줄 서 있는 사람을 과연 채용하고 싶을까요?

경마나 마작이라면
머리를 쓴다!

만약 경마나 마작이라면 그나마 상당히 머리를 써야 하기에 백번 양보해 좀 봐줄지도 모르겠네요. 경마에 심오한 사람은 말의 혈통을 살피고 몇 세대 조상까지 조사합니다. 또한 패덕 (Paddock)에서 말의 엉덩이와 털 색을 관찰해 시합에서 이길 수 있을지 판단합니다.

마작도 매우 지적인 게임이지요. 마작은 손을 사용해 뇌에 자극을 주기에 오히려 나이 드신 분들게는 차라리 권해드리고 싶을 정도입니다. 하지만 파친코가 지적인 게임이라고 할 수는 없겠죠. 백번 양보해 옛날 파친코는 제법 달랐습니다. 못 박힌

수를 읽어서 어디에 공을 맞히면 어떻게 들어갈지 추측해 그 못 박은 장인과 진검승부라는 느낌이었으니까요. 그런 점에서 지적인 요소가 굳이 있었다 할 수도 있겠네요. 그러나 지금의 파친코는 전동으로 공을 튕겨내 그저 기호와 숫자가 맞기만을 바라며 일희일비할 뿐이라 결국 도박입니다.

유럽에서의 경험담을 잠시 말씀드리지요. 유럽은 계급사회입니다. 아직도 지배층과 피지배층이 확실히 구분되어 있으니까요. 지배층은 피지배층에게 싼 임금으로 일을 시키려 합니다. 그렇다 보니 그들은 스트레스를 받게 되고 적은 돈을 도박을 위해 쓰게 됩니다. 생활비 이외의 돈은 빨리 쓰게 만들게 되지요. 따라서 주 단위로 임금을 지불하고, 그 주에 돈을 다 쓰게 만듭니다. 그러기 위한 함정이 바로 베팅 오피스입니다. 베팅 오피스란, 스포츠 경기의 승패를 비롯해 세상에 존재하는 모든 것에 내기를 할 수 있는 레저 시설을 지칭합니다. 일본의 파친코 가게 같은 건물은 보통 역전에 자리해 있고, 주로 노동자층 사람들이 소소한 돈을 걸면서 즐깁니다.

지배층이 생각한, 원하는 대로의 모습이 되는 것입니다. 최하층에 위치하는 사람들의 스트레스 해소용으로 도박을 기능화시킨 것입니다. 우리의 기준으로 보면 참으로 희한한 국가 시스템이라 할 수 있습니다.

일본도 유럽과 마찬가지로 '성숙사회'에 진입했습니다. 일본의 '성장사회'는 야마이치(山一) 증권이 도산했던 1997년에 종언을 고하고, 1998년부터 '성숙사회'에 진입했다는 것이 저의 지론입니다. 이 15년 동안 계층이 확실히 나뉘었습니다. 파친코족은 마치 영국 역 앞의 베팅 오피스에 드나드는 피지배층처럼 보입니다.

핵심은 시간을 매니지먼트하는
발상이 있는가, 없는가이다

그렇다면 파친코족과 파친코를 하지 않는 사람은 과연 어떤 차이가 있을까요? 그것은 다름 아닌 시간을 매니지먼트하는 능력의 유무입니다. 파친코족은 시간을 비생산적으로 사용합니다. 시간에 대한 매니지먼트 감각이 결핍된 사람들이죠. 경제가 상승세이던 '성장사회'에서 전체 시장은 확대되었습니다. 그렇기에 시간을 낭비하는 파친코족이라도 나름대로 일만 하고 있으면 문제가 없었죠. 말 그대로, 사회의 이익에서 떨어진 국물이라도 얻어먹을 수 있었으니까요.

하지만 '성숙사회'에서는 시장 전체가 축소되며 이는 불가능한 일이 되어버립니다. 이처럼 시간 관리는 매우 큰 차이가 있습니다. 시간 관리에 능숙하지 못한 사람은 시간의 할당이 적어지기에 부가가치를 높일 수가 없고, 자연스럽게 노동 시장에서 도태되기 마련입니다.

시간은 누구에게나 주어진 24시간의 평등한 자원이며 보물입니다. 돈과 인맥이라는 자원은 소유자와 무소유자로 나뉘어 어쩌면 처음부터 불공평합니다. 또 상황에 따라 늘릴 수도 줄일 수도 있으니까요. 하지만 시간은 누구도 그럴 재주가 없습니다. 다른 상황, 다른 일을 하고 있는 세상의 모든 사람에게 똑같이 주어진 선물이 있다면, 바로 시간이라는 보석입니다.

시간을 체계적으로 관리해 높은 부가가치를 창출할 수 있는 사람만이 앞으로 살아남을 수 있습니다.

조건 2

전철 안에서 모바일 게임을 일상적으로 한다

▶ 전철 안에서 모바일 게임을 하지 않는 사람이 되어라!

당신이 인사 담당자라면 전철에서
모바일 게임에 몰두하는 사람을 채용할까?

전철 안에서 내내 모바일 게임을 하는 사람이 있습니다. 파친코와 마찬가지로 시간 있을 때 조금 즐기는 정도라면 문제가 없겠지요. 그러나 매일 전철을 타고 있는 동안 끝없이 게임에 열중하는 사람이 있습니다. 이 또한 '모바일 게임 의존증' 혹은 그 예비군의 모습이겠죠.

만약 당신이 인사과 채용 담당자라면 이 사람을 회사의 직원으로 채용하고 싶을까요? 당신이 전철에 서 있는데 '파친코 필승법'이라는 잡지를 읽고 있는 남자, 모바일 게임에 몰두하는 남자, 문고판 책을 읽고 있는 여자가 바로 앞에 앉았습니다. 당신이 채용 담당자라면 누구를 택하고 싶습니까? 아마도 문고판 책을 읽고 있는 여자를 채용할 것입니다.

모바일 게임 의존증인 사람 역시 시간에 대한 매니지먼트 감각이 결여되어 있다고 할 수밖에 없습니다. 머리도 쓰지 않고, 기껏해야 반사신경으로 손가락을 움직일 뿐이지요. 치매 방지에는 어느 정도 효과가 있을지도 모르지만, 과연 자신의 부하로 삼고 싶을까요?

전철 안에서 음악을 듣거나 졸고 있는 사람은 상관없습니다. 물론 게임을 잠깐 기분전환 삼아 하는 것도 좋겠죠. 짧은 시간이라도 편안해지고, 피로를 푸는 건 비즈니스맨에게는 필수적이니까요. 그러나 모바일 게임 의존증인 사람은 현실도피를 위해 방대한 시간을 투자하며, 일과 수면을 위한 시간조차 줄이고 있습니다. 이것은 위험합니다.

모바일 게임에 빠지는 사람은
미디어를 주체적으로 통제할 수 없다

비즈니스맨으로서 모바일 게임 의존증인 사람에 대한 문제점을 또 한 가지 말씀드려볼까 합니다. 모바일 게임 의존증은 휴대폰이나 게임회사, 마케터의 술수에 빠져 자신을 통제할 수 없게 된 경우인데, 그것은 지배층의 술수로 싼 임금으로 혹사 당하고 스트레스를 풀기 위해 도박의존증에 빠져버린 것과 마찬가지라고 할 수 있습니다.

즉, 둘 모두 미디어를 사용하는 것이 아니라 미디어에게 오히려 사용당하는 셈이 되어버린 것이지요. 자각하지 못한다면 문제는 커질 수밖에 없습니다.

그런 사람들이 주체적으로 일을 할 수 있을까요? 항상 유행에 쉬이 휘둘리고, 그것을 추종하는 것으로 끝나버리기에 십상입니다. 자신이 주체적으로 유행을 만들어내고, 사람들을 열중하게 만드는 서비스를 제공하는 측이 될 수 없기 때문입니다. 무엇인가를 생산하거나 창조해낼 시간을 게임으로 모두 허비해버리는 사람, 당신은 어떻게 생각하시나요?

전철 안에서 게임 의존증이 되어버린 젊은이를 볼 때마다 저는 '아! 아깝다'라는 생각을 합니다. 귀중한 시간과 가능성이 눈앞에서 낭비되고 있기 때문입니다. 그 시간을 세상에서 무슨 일이 일어나고 있는지 관찰하거나 연구하는 데 사용한다면 비즈니스맨으로서 합격점인데 말입니다. 전철 안에서의 지나친 모바일 게임, 이제 휴대폰을 책으로 바꿔 들도록 노력해보면 어떨까요?

　현실은 매우 치열합니다. 경쟁이라는 괴물이 늘 눈앞에 도사리고 있으니까요. 전철에서 내리는 순간 마주할 현실에서 비즈니스라는 게임이 펼쳐집니다. 자, 승리하려면 지금 모바일 게임을 잠시 내려놓고 세상을 돌아보십시오. 당신은 게임의 승자가 될 수 있을 것입니다.

책을 한 달에 1권 이상 읽는다

▶ 책을 한 달에 1권 이상 읽는 사람이 되어라!

매니지먼트해서 얻은 시간을 우선 독서에 투자한다

이 책을 읽고 있는 지금, 당신은 이번 달 들어 몇 권째 책을 읽고 있습니까? 지난달에는 몇 권을 읽었나요? '1권 이상'이라면 진심으로 축하드립니다! 당신은 '100명 중 1인'이 될 최소한의 3가지 조건을 충족시켰습니다. 이 단계에서 '8분의 1'인 사람이 되었습니다.

주위 사람들을 둘러볼까요? 파친코족이나 모바일 게임 중독자가 가까이 있나요? 책을 전혀 읽지 않는 사람은? 책을 읽는 사람은 게임 중독자보다 미래가 훨씬 더 보장되어 있음을 확신합니다. '한 달에 1권도 책을 읽지 않는다'라는 사람은 우선 '한 달에 1권 이상'을 목표로 해서 독서를 시작해봅시다.

 조건 1(파친코를 하지 않는다)과 조건 2(모바일 게임을 전철 안에서 일상적으로 하지 않는다)에서, '성숙사회'에서는 시간에 대한 매니지먼트 감각이 꼭 필요하다고 말씀드렸습니다. 조건 3은 '매니지먼트해서 얻은 시간을 어디에 투자하느냐'입니다. 우선 독서에 투자합니다. 왜냐하면, '성숙사회' 속 교양의 차이는 경쟁의 차별성을 만듭니다. 독서는 이처럼 매우 중요한 요인이 되기 때문입니다.

 '성숙사회'는 '모두가 함께'에서 '각각 한 사람씩'이 되려는 것, 모두에게 공통되는 가치관이 줄어들고, 각각의 인생을 모색하기를 원합니다. 다양한 가치관을 가진 사람들의 소통에서 폭넓은 교양의 척도가 드러나기 마련인데, 책을 얼마나 읽었는지에 따라 확연히 차이가 나기 마련입니다. 교양이 있을수록 상대에 대한 이해도가 깊어지고, 상대방에게 주는 자신의 정보도 풍요로워집니다. 능숙한 영어 솜씨로 외국인과 대화를 한다고 해도 교양의 유무는 드러나기 마련이지요.

책을 읽지 않는 사람은
1차적인 정보로만 말할 수 있다

평소 책을 읽지 않는 사람은 1차 정보, 즉 자신의 한정되고 특수한 체험밖에 말할 수가 없습니다. "나는 ○○을 했다", "나는 ○○이라는 이야기를 들었다"에서 머물고 맙니다. 파란만장한 인생을 보낸 사람이 아닌, 한 자신의 체험만으론 즐겁고 풍요로운 대화는 불가능할 수밖에 없지요. 상대방이 교양이 높은 사람이라면 나의 교양은 쉬이 바닥을 드러내기 마련입니다.

한편 텔레비전이나 신문, 인터넷 등 제삼자를 매개로 한 2차 정보는 단편적으로 되기 쉽고, 정보를 체계적이거나 중층적으로 연결하기가 어렵습니다. 텔레비전이나 인터넷을 보기만 해도 정보는 대량으로 들어오지만, 그것을 있는 그대로 옮기기만 하면 상대방에게 존경받을 수 없습니다.

물론 책도 2차 정보입니다. 그러나 텔레비전이나 신문, 인터넷 등의 정보보다 훨씬 체계적으로 정리된 것이 많다고 할 수 있습니다. 저자가 공들인 시간이 고스란히 책 속에 드러나기 마련이고, 그 귀한 시간이 곧 나의 것이 되는 것입니다. 책 속에는 무수히 많은 지혜가 스며들어 녹아 있으니까요. 읽는 순간 모두 내 것이 되는 것입니다. 적은 돈으로 그보다 큰 득도 없습니다.

책을 많이 읽음으로써 세상의 단편적인 정보를 가로, 세로, 사선으로 연결시킬 수 있습니다. 복잡하게 얽힌 세상의 미로도 책을 많이 읽다 보면 지름길이 보이는 법이니까요. 자, 그래도 책을 그냥 책장에 꽂아만 두실 건가요?

'정보처리 능력'보다 '정보편집력'으로 교양을 쌓는다!

저는 정보와 정보를 연결하는 힘을 '정보편집력'이라 부릅니다. 이런 힘이 없으면 풍부한 교양을 쌓을 수 없습니다. 한편 정보를 단순히 처리하는 능력을 '정보처리력'이라 부릅니다.

20세기까지는 정보를 빠르고 정확하게 처리할 수 있는 '정보처리력'이 높은 사람이 점수를 많이 받을 수 있었으나, 지금은 IT나 로봇이 훨씬 더 정확하게 처리해줍니다. 정보를 단순히 수집한 대로 전달만 하는 인간은 '교양이 없다'라는 식으로 간주되어, 아무도 상대해주지 않기 때문입니다.

풍부한 교양은 다양하고 세분화된 가치관을 가지게 해줍니다. 보다 많은 인간관계를 구축하게 해주는 삶의 강력한 무기가 되는 것이지요. 그런 무기를 연마하기 위해 우선 한 달에 1권 이상, 책을 읽는 습관을 가집시다. 익숙해지면 속도를 올려 한 주에 1권씩을 목표로 합니다. 한 주에 1권 정도라면 연간 50권의 책을 읽을 수 있습니다. 한 주에 1권 읽으면 읽지 않는 사람보다 배로 교양이 쌓입니다. 2권 읽으면 2배가 쌓일 테고요. 자, 연간 50권을 읽었다면 어떻게 될까요? 이런 축적이 '정보편집력'의 토대가 됩니다. '정보편집력'으로 고유한 사고나 가치를 외부로 전달할 수 있는 사람이 되지 않으면, 앞으로 살아남기가 어렵습니다.

여기까지 최소한 3가지 조건을 충족시킬 수 있었던 사람은 '8분의 1'인 사람. 거의 '10분의 1인'의 희소성을 가지고 있습니다. 자, 나는 지금 어디에 속하는지 한번 스스로에게 물어보십시오.

앞으로는 자신의 '가치관×지향'에 따라 매트릭스의 A, B, C, D의 4개 영역에서 자신에 맞는 것을 선택해 진행해주십시오. 그중 '100명 중의 일인자'의 희소가치를 가진 사람이 되기 위한 4가지 조건을 충족시켜갑시다.

제1장

경제적 가치
×
권력 지향
∨
CEO 타입

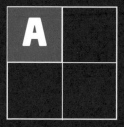

'파워'를 추구하는 사람의
4가지 조건

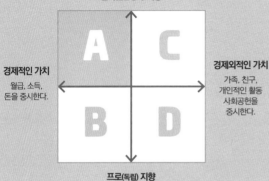

권력(월급쟁이) 지향

A C

경제적인 가치
월급, 소득,
돈을 중시한다.

경제외적인 가치
가족, 친구,
개인적인 활동
사회공헌을
중시한다.

B D

프로(독립) 지향

| 조건 7 | **나에게 맞지 않는 상사가 있다.** YES or NO

☐ 상사는 월급쟁이의 최대의 위험요소
☐ 대체 불가능한 인재가 된다.
☐ 누가 사장이 될지는 운과 직감에 달렸다.

| 조건 6 | **'정답주의', '전례주의', '무사안일주의'를 타파할 수 있다.** YES or NO

☐ 일본인이 제일 좋아하는 '정답주의', '전례주의', '무사안일주의'
☐ 대피소에서 실제로 일어난 '800분의 700문제'
　 – "800명이 있기 때문에 700개의 케이크는 받을 수 없습니다"
☐ 당신이라면 800분의 700문제에 어떻게 대응하시겠습니까?
☐ 조직의 정상까지 오르는 사람은 결국 어떤 사람인가?

| 조건 5 | **나만의 영업전략과 프레젠테이션 스킬, 협상 능력이 있다.** YES or NO

☐ **후지하라식, 영업의 핵심** – 상대방과의 공통점을 찾고 그 화제로 30분 대화할 수 있는가?
☐ 상대방과의 공통점을 찾는 '인터뷰 게임'
☐ **후지하라식, 프레젠테이션의 핵심** – 상대방의 머릿속에 있는 요소를 조합해서 설명한다.
☐ **후지하라식, 협의의 핵심** – 공통점을 찾아 상대방을 안심시키고, 상대방의 머릿속에 있는 요소로 말한다.
☐ **후지하라식, 영업 기술** – 고객의 가족과 만나다.
☐ **후지하라식, 접대 기술 ①** – 자택을 전략적으로 사용하다.
☐ **후지하라식, 접대 기술 ②** – 일점호화주의로 이긴다.
☐ **후지하라식, 영어습득법 ①** – 단순한 자기계발로는 무리. 일에서 사용할 기회를 만든다.
☐ **후지하라식, 영어습득법 ②** – 영어를 정복하기 위해서는 통째로 외우기가 제일 좋다.
☐ **후지하라식, 영어습득법 ③** – 자신의 이력서를 영어로 만들어 프레젠테이션한다.

| 조건 4 | **회사에서 작업이 아닌 일을 한다.** YES or NO

☐ 일을 맡겨주는 회사를 잘 알아본다. 사원 수는 100~1,000명 정도가 딱 좋다.
☐ 대학생에게 인기 있는 기업에 취직해도 성장할 수 없다.
☐ 향후 성장할 중소기업, 이렇게 발견하라!
☐ 자신이 현실감을 가질 수 있는 분야에서 회사 선택을 한다.
☐ 왜 일본인의 시급은 800엔에서 8만 엔까지 100배의 차이가 있는가?
☐ 남이 주는 것은 '작업', 스스로 하는 것은 '일'
☐ 원하지 않은 일을 맡을 경우, 어떻게 '작업'을 '일'로 바꿀 것인가?
☐ 가능하면 자사주를 사서 경영자의 시선을 키워라!

A영역은 '경제적 가치'를 중시하고, '권력 지향'이 있는, 이른바 'CEO 타입'의 사람입니다. 조직에서 하는 일을 인생의 중심에 두고, 회사조직에서 출세하는 것을 지향하는, 한마디로 말해 '파워'를 추구하는 타입의 사람입니다. 고도경제성장기(성장사회)에 일본 모든 회사원의 목표는 같았습니다. 일류기업에 들어가 피라미드식 조직구조의 정상에 올라가려고 분투했습니다. 역시 회사에서 정상이 되는 것을 매력적이라 생각하고, 돈과 지위를 얻고자 하는 당신에게 이제부터 A영역에서 상위 1%의 사람이 되기 위한 4가지 조건을 제시하겠습니다.

회사에서 작업이 아닌 일을 한다

▶ 회사에서 일을 하는 사람이 되어라!

일을 맡겨주는 회사를 잘 알아본다.
사원 수는 100~1,000명 정도가 딱 좋다

A영역을 추구하기 위해서는 우선 회사 선택이 중요합니다. 회사의 규모에 따라 일의 성격이 다르기 때문입니다. '어떤 일을 맡을 것인가'에 따라 성장 속도도 크게 달라집니다.

저의 이야기입니다. 신입사원으로 리쿠르트사에 입사하자마자 대기업을 포함한 50개 사의 담당을 선배로부터 인수받았습니다. 당시 리쿠르트사는 사원이 100명 단위인 벤처기업이었고, 매출액은 100억 엔대로 신입사원에게 거래처를 통째로 떠맡기는 경우도 흔했습니다. 대량의 일을 해내고 스스로 판단해야 할 경우가 많았기에 단기간에 일의 능력이 단련되었습니다.

하나의 큰일, 또는 거래처의 일을 한꺼번에 한 사람에게 맡기는 회사에 들어가면 그렇지 않은 경우와 비교했을 때, 비즈니스맨으로서 비약적으로 성장할 수 있습니다. 사원 수가 100명에서 1,000명 정도인, 중소기업 단계를 약간 벗어나 시스템이 딱 갖춰진 회사에 들어가면 성장하기 수월합니다. 저의 실제 경험과 주변의 회사들을 보고 판단한 것입니다. 리루르트사가 벤처였음에도 '대기업이 되겠구나'라고 느낀 것은 사원 수가 1,000명을 넘었을 때쯤이었습니다. 아마도 사원 수가 1만 명 규모인 대기업에 들어가게 되면, 일의 분업화가 진행되어, 업무가 고정화되므로 젊었을 때부터 큰일을 맡지는 않겠죠.

대학생에게 인기 있는 기업에 취직해도
성장할 수 없다

일본의 대학생들은 예나 지금이나 변함없이 대기업에 들어가고 싶어 합니다. 2014년 졸업한 대학생이 뽑은 '인기 기업 순위'를 보면 문과, 이과, 남자, 여자를 종합한 인기 순위(출처: 닛케이 취직내비)는 〈도표 3〉과 같습니다.

〈도표 3〉 2014년 졸업한 대학생이 뽑은 '인기 기업 순위'

순위	기업명	점수
1위	일본생명보험	3,407
2위	도쿄해상일동화재보험	2,829
3위	제일생명보험	2,485
4위	미츠비시도쿄UFJ은행	2,434
5위	미츠이스미토모해상화재보험	1,832
6위	미츠비시UFJ신탁은행	1,733
7위	미즈호파이낸셜그룹	1,569
8위	미츠이스미토모은행	1,483
9위	미츠이스미토모신탁은행	1,317
10위	메이지야스다생명보험	1,287

이미 오래전 시스템이 구축된 거대기업만 순위에 들어 있습니다. 대학생들은 방송이나 신문에서 자주 보는 대기업만 인지하고 있어 구직활동 시 대기업에만 사람이 넘쳐납니다. 그렇다면 대기업에만 취직하게 된다면 나의 미래는 무작정 보장이 되는 것일까요?

언제나 그렇지만, 현실은 누군가의 이상과 늘 공존하지 못한다는 것을 알아야 합니다. 정해진 길이 이미 있고, 어떤 인재에게 어떤 일을 시킬지도 정해져 있습니다. 큰일을 한꺼번에 맡으려면 몇 년이나 걸릴 것입니다.

또한 성장기를 훨씬 지난 성숙 산업에서는 도전할 수 있는 환경도 기회도 한정되기 때문에 인재는 잘 육성되지 않습니다. 우리의 능력은 주어진 환경에 따라 영향을 받기 때문에 자기계발로 성장하는 데는 한계가 있는 것입니다.

씨앗을 심어 새싹을 키워내고 새싹에서 잎이 나고 꽃이 피고 열매를 맺기까지의 과정을 아는 사람과 그저 열매를 따기만 하는 사람이 있습니다.

자, 백지 위에 '당신이 이 과일에 대해 아는 대로 적어보십시오' 하는 숙제를 냈다고 합시다. 누가 더 능숙하게 적어낼 수 있을까요?

향후 성장할 중소기업,
이렇게 발견하라!

그렇다면 사원 100~1,000명 정도의 규모로, 향후 성장할 가능성이 큰 중소기업을 어떻게 찾으면 좋을까요? '성숙사회'라 해도 모든 회사의 성장이 멈춘 것이 아니기에 성장 분야가 반드시 존재합니다. 그것은 오래된 산업의 틈에서 숨 쉬고 있습니다. 그런 장대한 하극상이 끝없이 일어나고 있죠. 따라서 하극상의 상이 아닌 하에서 상으로 올라가는 회사에 들어가는 것이 중요합니다.

예를 들어, 금세 머리에 떠오르는 기업으로 말하자면 아이리스오 야마(IRISOHYAMA.Inc)와 같은 회사입니다. 이 회사는 본래 플라스틱 가공을 하는 회사였는데, 시대 변화에 따라 이노베이션(개혁)으로 사업모델을 유연하게 바꾼 후 급성장을 이루고 있습니다.

어느 날, 사장님의 자제가 강아지를 키우자 강아지 집을 사주려고 여러 가지 조사를 했다고 합니다. 보니 목재 부품을 스스로 조립하는 상품밖에 없었다고 합니다. 비가 온 후 강아지도 개집도 다 젖어버려 비위생적인 제품이었답니다. 그래서 자신의 회사에서 만드는 플라스틱 가공기술을 이용해 강아지 집을 만들었는데, 대히트를 기록했다고 합니다. 그 후, 애완동물 용품 산업으로 진출해 현재는 노인 요양, 원예, 가전 분야에 이르기까지 확대되어 엄청난 성장세를 이루고 있습니다. 이와 같은 기업은 찾으면 얼마든지 있을 것입니다.

대학생은 자신의 '대학교 순위'를 그대로 '취직하는 곳의 순위'와 직결시키는 경향이 있습니다. "우리 대학을 나와도 각 업계의 톱에 들어가는 것은 어렵겠구나. 두 번째도 무리일 것 같으니까 3번째 이하를 중점적으로 찾아서 응시해보자"라는 식입니다. 그렇다 해서 벤처부터 찾게 되면 라쿠텐이나 사이버에이전트와 같은 초유명 기업밖에 모릅니다. 그런 학생들이 대부분입니다.

그러나 대학생들이 알고 있는 벤처는 이미 벤처의 영역을 훨씬 지나 시스템이 거의 완성되어가는 단계에 들어간 회사겠죠. 아까 말한 식물로 비유하자면 이미 꽃을 활짝 피운 곳이라는 말입니다.

그와 같은 벤처는 향후 업적이 10배가 되는 일은 있어도 100배가 되는 일은 드뭅니다. 이미 열매를 따는 방법까지 숙지하고 있을 테니까요.

한편 시스템화가 아직 덜 된 벤처 중에서는 파이팅과 근성만으로 일을 시키는 '블랙기업'도 적지 않습니다. 매출액이 1억 엔에 못 미치는 회사는 저는 아직 회사라 부를 수 없다고 생각합니다. 1억 엔에서 100억 엔 규모로 계속 늘어나고 있는 회사를 찾는 것이 비즈니스맨으로서 성장할 수 있는 첩경이 아닐까요?

당신의 손에서 잎이 펼쳐지고 꽃이 피며 열매를 맺는 순간, 당신은 성공이라는 쾌감을 맛볼 수 있을 것입니다.

자신이 현실감을 가질 수 있는 분야에서
회사 선택을 한다

학생 시절에 여러 회사의 아르바이트를 경험하는 것은 회사 선택에 큰 도움이 됩니다. 경험은 어마어마한 재산이니까요. 적어도 10종류 이상의 일을 해보면, 회사에 대한 촉이 생길 것입니다. 자신과 그 회사의 코드가 맞는지 안 맞는지도 알게 되고, 업적이 늘어나는지 어떤지도 알게 모르게 느낄 수 있게 됩니다.

저는 대학 3학년 가을에는 졸업학점을 거의 다 따놓았기에 빨리 사회에 나가고 싶었습니다. 그래서 일찍 구직활동을 시작해 4학년 4월부터 1년 앞당겨 입사할 수 있는 회사를 찾았습니다. 대기업에서 파묻혀버리는 것이 무서웠기에 소수정예인 컨설팅 회사에서 일하고 싶었죠. 당시 신입사원을 채용한 지 얼마 안 된 '보스턴 컨설팅 그룹'의 회사안내서를 읽고, 채용담당자를 만나러 갔습니다. 그러나 "졸업한 후에 오라"는 말만 할 뿐 앞당겨서 입사를 시켜주지는 않더군요.

이듬해 학점 취득이 확실해지자 장기간의 해외 유학 자금을 모으고 또 앞으로 할 일을 미리 체험해보기 위해 여러 가지 아르바이트를 시작했습니다. 똑같이 하루에 1만 엔을 버는 아르바이트에서도 여러 가지 일이 있다는 것을 알게 되었죠. 너무도 귀중한 경험이 되었습니다. 그 가운데 "양복을 입고 명함을 가지고 일해야 한다"라는 말을 들은 것이 당시 중소기업이었던 리쿠르트사였습니다.

리쿠르트사에서 두 달간의 장기 아르바이트를 한 후 저는 입사를 결정했습니다. 일이 매우 자극적이고 재미있었습니다. 연매출은 100억 엔대였지만, 앞으로 성장할 것이라는 예감이 들었고 예감은 확신이 되어갔습니다. 그때까지 여러 회사에서 아르바이트를 했었기에 학생이지만 직감적으로 느낄 수 있었다고 생각합니다. 역시 스스로의 경험이 없으면 세상의 인기 순위나 부모의 기대 등 다른 누군가의 가치관에 휘둘리게 됩니다. 경험이 재산이 되는 이유입니다. 스스로 판단할 수 있는 능력, 그것은 어마어마한 재산이니까요.

자신의 느낌으로 현실감을 가질 수 있는 분야에서 회사 선택을 해야 합니다. 예를 들어, 편의점이나 백화점, 가전 양판점에 가서 쇼핑하면 그 상품은 어떤 회사가 만들고 있는지 관심을 가져보면 어떨까요? 개를 좋아한다면, 개에 관한 회사만을 찾아보는 것입니다.

세상이 아무리 재벌계 회사나 IT계의 대기업을 추앙해도 자신의 마음이 동하지 않으면, 나와 무관할 따름입니다. 세상의 바람에 현혹되어서는 안 됩니다. 자신의 오감을 총동원하고 그 판단을 믿어야 합니다. 지금 혹시라도 시간을 그냥 허비하며 미래에 대한 불안에 휩싸여 있지 않나요? 그렇다면 냉큼 아르바이트를 시작하세요. 당신에게 큰 재산이 되어줄 것입니다.

왜 일본인의 시급은 800엔에서 8만 엔까지 100배의 차이가 있는가?

회사조직에서 '경제적 가치'를 추구한다는 것은 무엇보다도 소득을 올린다는 것입니다. A영역을 지향한다면 어떻게 하면 소득이 올라가는지, 먼저 그 구조를 이해해야 합니다. 소득을 올리기 위해 필요한 것은 자신의 희소가치를 높이는 것입니다.

알기 쉬운 지표로서 일본인의 시급에 대해 생각해봅시다. 편의점이나 패스트푸드점에서 아르바이트를 하면 시급은 800~1,000엔 정도이죠? 회사원의 시급은 평사원에서 이사까지 대략 200~5,000엔(200엔은 원화로 약 2,000원). 의사나 변호사 등 고도의 전문기술을 가진 사람이라면 1~3만 엔으로, 맥킨지(McKinsey & Company)의 시니어 컨설턴트의 시급은 8만 엔 정도입니다. 즉, 일본인 전체의 시급에는 800엔에서 8만엔까지 차이가 난다는 것입니다. 이 100배의 차이는 도대체 어디에서 오는 것일까요?

그것은 희소성에 의해 결정됩니다. 요컨대 희소가치의 유무입니다. 햄버거 가게에서 아르바이트를 할 수 있는 사람은 세상에 많이 있겠죠. 평사원의 일을 할 수 있는 사람도 많이 있습니다. 그 수에 비하면 임원으로서의 판단을 할 수 있는 사람은 적습니다. 의사나 변호사처럼 지식이나 기술이 필요한 사람은 더욱 줄어들기 마련입니다. 세계 일류기업의 경영자에게 어드바이스를 할 수 있을 정도의 컨설턴트가 되면 더욱 희소가치가 높아집니다. 따라서 맥킨지의 시니어 컨설턴트는 최고 수준의 시급을 받을 수 있는 것입니다.

　이것은 조직에서도 마찬가지입니다. 고도의 지식이나 기술을 가진 사람, 대신할 만한 사람이 없는 사람일수록 출세하며 소득이 올라갑니다. 그러나 일본 기업의 경우, 아직 연공 서열의 풍토가 남아 있고, 근속연수가 길기 때문에 고도의 지식이나 기술을 축적하고 있을 것으로 간주하는 면도 있습니다. 그러나 실력이 없는 사람을 출세시킬 만큼 지금의 비즈니스 환경은 녹록하지 않습니다. 언젠가 그런 경향은 없어질 것이고, 그런 구습을 버리지 못하는 기업은 사라질 것입니다.

　A영역을 지향한다면 경험을 쌓아 능력을 높여 자신만이 할 수 있는 일이 있다는 희소성을 제대로 제공해야 합니다. 나의 희소성의 가치는 내가 스스로 만들 수 있습니다. 나는 가치 있는 사람인가. 얼마나 희소가치를 갖고 있는가. 지금 거울 속에 드러난 자신의 모습을 보며 잘 판단해봅시다. 부족하다면 더 뛸 각오를 합시다. 그런 생각을 하고 있다면, 당신은 늦지 않았습니다.

남이 주는 것은 '작업', 스스로 하는 것은 '일'

A영역에서 희소가치가 있는 사람이 되는, 즉 다른 사람으로 대체될 수 없는 희소성을 가진 인재가 되기 위해서는 일에 임하는 마음가짐을 근본적으로 바꿀 필요가 있습니다.

한마디로 말하자면, '작업'하는 사람이 아닌 '일'을 하는 사람이 되어야 한다는 것입니다. 간단히 말해 남에게 받는 것은 '작업'이고, 스스로 하는 것은 '일'입니다.

회사에 갓 입사한 신입사원은 선배나 상사로부터 명령받은 것을 그저 열심히 해내기만 하는데, 그것은 '일'이라기보다 '작업'에 가깝습니다. 그런 마음가짐으로 하루하루를 지내다 보면 언제까지나 조직의 피라미드를 올라갈 수 없습니다. '작업'을 아무리 해도 능력이나 희소성은 높아지지 않습니다. 회사로부터 계속 사용되다가 끝나게 됩니다. 왜냐하면 일이 아닌 작업만 해왔으니까요.

'작업'이냐, '일'이냐는 반드시 하는 내용에 따라 정해지는 것

이 아닙니다. 똑같은 일을 하더라도 주체적이라면 어떤 '작업'
이라도 '일'로 바꿀 수 있습니다.

큰 회사일수록 분업화가 잘되어 있기에 대형프로젝트 일부
분만 한 사원이 담당하는 것이 보통입니다. 이 주어진 일부의
'작업'을 프로젝트 전체의 큰 그림에서 바라보고 자기 나름대
로 '일'로 바꾸어가는 것, 이것을 하느냐 안 하느냐, 어떤 마음
가짐으로 늘 업무에 임할 수 있느냐에 따라 성장 속도나 일의
질은 크게 달라집니다.

원하지 않은 일을 맡을 경우,
어떻게 '작업'을 '일'로 바꿀 것인가?

당신이 디자이너로서 자동차 업체에 입사했다고 칩시다. 자
동차 전체 디자인을 맡게 될 줄 알았는데, 어떤 차종의 백미러
디자인만을 맡게 되었습니다. 이럴 때 "뭐야, 백미러만 해?"라
고 불평을 하면서, 백미러만 보고 디자인한다면, 결국 '작업'으
로 끝나버립니다. 이것을 언젠가 자동차 전체 디자인을 맡게
될 것을 생각해 '일'로 바꾸어가는 것입니다.

자동차 전체의 디자인을 생각하면, '펜더 미러(fender mirror)라면 어떻게 디자인할 것인가?', '도어 미러(door mirror)라면 어떤가?' '헤드램프와의 관계성을 어떻게 디자인할 것인가?'와 같은 다른 디자인과 연결된 일로 잘 보고 배우게 됩니다. 차량 전체의 콘셉트를 알 필요도 생기기에 스스로 상사나 선배에게 말해 전체적인 디자인 콘셉트를 듣게 되겠죠. 그뿐만 아니라 경쟁회사와 외제차 디자인도 알고 싶어질 것입니다. 이것이 바로 작업이 아닌 일로 여길 때 생기는 마인드라 할 수 있습니다.

나아가서는 현재의 자동차뿐만 아니라 역사를 거슬러 올라가 예전 자동차 디자인까지 배우고 싶어지겠죠. 디자인이라는 틀에서 뛰쳐나와 엔지니어 영역까지 들어가 디자인을 다시 생각하고 싶어질 것입니다. 이처럼 보다 넓은 시야를 가지고 공부한 후 백미러의 디자인에서 요구되는 것이 과연 무엇인가를 생각해 움직인다면 그것은 '작업'이 아니라 '일'이 됩니다.

이것은 어떤 직종에도 해당하는 말입니다. 패스트푸드점에서 햄버거나 감자튀김을 손님에게 제공하는 일에서도, 마트나 편의점에서 계산기를 두들기기만 해도 그것을 '작업'으로 만들지, '일'로 만들지는 자신이 하기 나름입니다. 자신이 언젠가 점장이 될 것을 생각해, 일 전체에서 눈앞의 일을 파악하는 습관을 들입니다. 해야 할 공부가 산처럼 쌓일 것입니다. 이는 자신을 비약적으로 성장시켜줍니다.

당신이 신입사원이라 하더라도 사장님의 시선으로 회사 전체를 둘러봅니다. 이미 자신이 제일 높은 자리에 있는 것처럼 눈앞의 일을 해보십시오. 이것이 A영역의 1%의 사람이 되기 위해 우선적으로 요구되는 마음가짐(mindset)입니다.

가능하면 자사주를 사서 경영자의 시선을 키워라!

확실히 '그 시점의 경제적 가치'라는 점만 본다면 주어진 '작업'을 일찍 정확하게 처리하고 있는 것만으로도 최소 월급은 받을 수 있겠죠. 그러나 승급 상여 증가에 자신의 동기부여가 좌우되어서는 지배층에 지배받는 쪽의 의식인 채로 머무르는 것입니다. A영역의 사람은 그런 의식이라면 언젠가 막다른 길에 서게 될 것입니다.

그렇다면 어떻게 하면 부감적인 시점, 즉 경영자의 눈을 갖고 자신의 '작업'을 '일'로 바꿀 수 있을까요? 그 수단을 제가 권해드려보겠습니다. 그것은 바로 자사주를 구입하는 것입니다.

자기 돈을 써서 자신이 일하고 있는 회사의 주식을 산다면 자연스럽게 회사 전체의 업적이 신경 쓰입니다. 자신이 있는 부서뿐만 아니라 다른 부서의 업적도 알고 싶어지죠. 그리고 어떻게 하면 회사 전체의 업적이 오르게 될지 생각해보기도 하겠죠. 즉, 경영자의 눈으로 사물을 보는 버릇이 생기는 것입니다.

자사주 구입은 자산 형상에도 중요한 수단입니다. 자본주의 세계에서 주식도 없이 일하는 것은 제법 손해입니다. 회사의 성장에 자신이 공헌하고 회사의 자산이 늘어났음에도, 그 분배가 내게 할당되지 않으면 뭔가 이상하고 허전합니다. 결국 자신의 시간을 잘라 팔아넘길 뿐 자본가의 이익을 위해 일을 하게 되는 것입니다.

그렇기에 만약 자사주가 공개되어 있다면 공개되어 있는 가격으로 사도록 합시다. 공개되어 있지 않아도 사원지주회 제도가 있다면 구입합시다.

저는 리쿠르트에 입사하자마자 사원지주회에서 주식을 구

입했습니다. 리쿠르트는 그 전년도, 석유파동 영향으로 처음으로 감수감익을 기록했기 때문에 도산할지도 모른다는 소문이 나 있었습니다. 선배들은 모두 "위험하니까 그만두는 게 낫다"라고 할 지경이었죠. 그래서 자사주를 사는 사람은 소수파였습니다.

그러나 저는 반대의 발상으로 부모로부터 100만 엔을 빌려, "사원의 응모가 없다면, 여기 있는 만큼 다 구입하겠습니다!"라고 회사에 말하고 1,000주를 사들였습니다. 그 후 2번 정도 도산의 위기가 찾아왔지만 그래도 저는 자사주를 계속 사들였습니다. 경영자의 눈을 키우기 위해, 그리고 '일'을 하기 위해서였습니다. 당시 연 매출 약 100억 엔이던 회사가 지금은 그룹 전체로 1조 엔 규모로 성장했습니다. 100배 이상이 되었으므로 주식의 자산가치도 상응하게 늘어났습니다. 이런 자본의 논리를 모른 채 월급쟁이를 그만두는 것은 위험합니다.

자주 '사원은 가족', '종업원 제일주의'라는 것을 제창하는 경영자들이 있지만, 그것이 본심인지 아닌지는 사원지주회의 제도가 있는지 어떤지, 사원의 지주비율이 어느 정도인지 확인하면 알 수 있습니다. '내 회사 사람이 내 가족이다'라고 했던 말을 확인하는 셈이니까요.

　만약 사원이 주식을 살 수 없는 시스템이 되어 있는 동족 경영의 경우는 조심하는 게 좋습니다. 자산 분배가 없는 회사에 들어가는 것을 저는 절대로 권하지 않습니다. 그런 회사에 들어가게 되면 조직의 톱(TOP)이 되지 못합니다. 그것은 A영역으로 나아가는 사람에게 있어서는 목적지가 없는 것과 같습니다. 길이 막혀 있다면 재빨리 퇴장하시기 바랍니다. 게다가 '종업원 제일'이라고 하면서 사원지주회의 비율이 높지 않다는 것도 이상합니다. 리쿠르트는 예전에 37%나 있었습니다. 대기업이 된 지금도 사원지주회가 13.8%(2013년 3월 31일)인 대주주입니다.

나만의 영업 전략과 프레젠테이션 스킬, 협상 능력이 있다

▶ 영업 전략, PT(프레젠테이션) 스킬, 협상 능력을 갖춰라!

| 후지하라식 영업의 핵심 |

상대방과의 공통점을 찾고
그 화제로 30분 대화할 수 있는가?

어떤 일을 할 때 영업 전략은 비즈니스의 기본입니다. 고객들의 마음을 얼마큼 잡을 수 있는지, 얼마큼 집객력이 있는지가 비즈니스의 성패를 결정합니다. 그것에 따라 출세나 승급이 정해지므로 A영역의 사람에게는 필수 불가결한 스킬입니다.

저는 리쿠르트에 있었던 18년 동안 철저하게 영업전략을 단련했습니다. 이제 제가 몸에 익힌 영업의 핵심을 전해드리겠습니다.

영업전략이라 하면 공격적으로 판매하거나 말을 능숙하게 잘하는 방법이라 생각하는 사람들이 있는데, 전혀 다릅니다. 영업의 가장 기본이 되는 것은 상대방과 자신 사이에 얼마큼 공통점을 발견할 수 있는가, 나아가 발견한 공통점의 화제만 가지고 대화를 30분 이상 할 수 있는가 하는 것입니다. 공통의 화제만으로 이야기를 30분 할 수 있다면 영업은 거의 성공합니다. 인간은 자신과 공통점이 있는 사람에게 안심을 느끼고, 그 사람으로부터 물건을 사고 싶다고 생각하기 때문입니다.

신입 시절, 처음으로 고객 방문을 할 때였습니다. 선배가 동행해주었습니다. 선배가 고객과 이야기를 나누었죠. 가령 담당자인 나와 과장이 같이 방문하고, 상대방도 담당자와 과장이 나왔다고 하면 과장끼리 이야기를 하고, 저는 곁에서 그냥 말을 듣기만 합니다. 그리고 과장끼리 이야기가 끝나면 첫 번째 방문이 끝납니다.

그래서 저는 돌아갈 때 반드시 담당자에게 "이번에 자료를 드리고 싶은데 언제가 좋을까요?"라고 질문을 건넸습니다. 그리고 다음 방문했을 때, 자료는 일찍 전하고 담당자의 개인적인 일을 묻곤 했습니다. '출신지는 어디인가요?', '좋아하는 스포츠는 무엇인가요?', '지금 무엇에 가장 흥미가 있나요?', '자녀가 있는 분이면 몇 명이고, 몇 살쯤이고, 부모로서 어떤 고민이 있나요?' 오로지 듣는 데 집중하면서 말입니다. 아주 자세하게 듣습니다. 상대와의 공통점을 찾기 위해서였죠. 그러다 저와 일치하는 공통지점을 만나면 실타래는 술술 풀리기 시작합니다.

상대방과의 공통점을 찾는
'인터뷰 게임'

이런 경험에서 고안해, 제가 최근 강연이나 세미나에서 자주 하는 것이 '인터뷰 게임'입니다. 우선 참가자에게 2인 1조로 만들어 한편이 질문자가 되고, 한편이 인터뷰에 답을 하는 역할을 맡게 합니다. 제가 "시작!" 하면 질문자는 상대방의 개인정보를 철저히 듣고, 자신과의 공통점을 찾아냅니다.

제일 편한 것은 혈액형입니다. 가령 AB형과 AB형이라면 10%×10%=100분의 1의 확률이 됩니다. 100분의 1의 확률로 그 두 사람이 바로 옆에 있었던 것이니 기적적인 만남이죠. 좋아하는 스포츠가 같은 야구라고 한다면, 어떤 선수를 좋아하는지도 묻습니다. 만약 같은 팀의 같은 선수를 응원했었다면 역시 대단한 우연입니다. 운명적인 만남일지도 모릅니다.

가령 자신과 공통점이 전혀 없다 하더라도 인간은 자신이 말하고 싶은 것을 충분히 말하게 해준 상대방을 신용하는 것입니다. 누구라도 들어줬으면 하는 화제가 있죠.

고객도 영업맨과 잡담을 하며 '그 화제로 돌려줬으면 좋겠다', '이 이야기는 좀 더 파고들어서 물어봐줘'라고 알게 모르게 권고하기도 합니다. 고객이 '그래, 맞아!' 하는 화제성이 분명히 존재합니다. 예를 들어 딸이 시험에 합격했다든지, 골프에서 홀인원을 했다든지, 그런 이야기를 영업사원이 흥미진진하게 들어줬을 때, 상대는 '이 사람과 거래하고 싶다'라고 생각합니다. 이것은 영업뿐만 아니라 상사나 부하와 커뮤니케이션을 할 때도 유효합니다.

상대방과의 공통점을 발견하고 그 화제로 30분 동안 이야기를 계속합니다. 상대방이 하고 싶은 말을 충분하게 말하게 해주는 것이죠. 이것이 인간관계를 만드는 토대가 됩니다. 왜 제가 게임이라고 했을까요? 게임은 모름지기 즐거워야 하니까요. 고객은 즐거운 영업사원을 좋아합니다. 인터뷰 게임의 승자가 되고 싶다면 반드시 상대와 내가 함께 나눌 공통점을 우선 찾아내십시오.

상대방의 머릿속에 있는 요소를
조합해서 설명한다

영업전략과 함께 비즈니스의 기본이 되는 것은 PT(프레젠테이션) 스킬입니다. 실제 PT에서는 물론 비즈니스 문장이나 대화, 이메일로 상대방에게 무엇인가를 전하고 싶을 때, PT 스킬의 유무가 좌우합니다.

프레젠테이션이라 하면 자신의 머릿속에 있는 이미지를 상대방에게 전해주는 것이라 착각하는 사람들이 많은데, 그것은 해설(Explanation)이며, 프레젠테이션이 아닙니다. 자신의 머릿속에 있는 이미지를 기승전결의 포맷으로 논리 정연하게 말했다고 하더라도 혹은 파워포인트를 구사해 알기 쉽게 자료를 만들었다 하더라도 그것과 상대방의 머릿속에 이미지나 정보가 들어가는지는 전혀 별개의 문제입니다.

프레젠테이션의 핵심은 상대방의 머릿속에 있는 요소를 사용해 그것을 조합하고, 상대방의 머릿속에 비추어내는 것입니다.

알기 쉽게 설명해드리겠습니다. 상대방의 머릿속에 'A'와 'B'와 'C'의 요소밖에 없어, 자신이 프레젠테이션하고 싶은 것은 'X' 요소라고 칩시다. 여기서 'X'를 그대로 설명해도 상대방에게 전달되지 않습니다. 그러기는커녕 상대방은 거부반응을 일으키죠. 왜냐면 인간은 자신이 모르는 것에 대해 공포심을 가지기 때문입니다.

그렇다면 어떻게 하면 좋을까요?

'X'를 상대방 속에 있는 'A'와 'B'와 'C'의 함수로 전하는 것입니다. 가령 새로운 샴푸 'X'를 프레젠테이션한다고 칩시다. 'X'에는 예전 샴푸에 없었던 완전히 다른 성분이 들어가 있습니다. 그 성분을 그대로 전하면 상대방은 사용하기를 꺼리며, 거부반응을 일으킵니다. 그래서 상대방 머릿속에 어떤 샴푸가 있는지, 영업 수법과 마찬가지로 물어봅니다. 그러면 상대방이 항상 사용하고 있는 샴푸가 'A', 조금 신경이 쓰이는 환경에 좋은 샴푸가 'B', 꼭 한번 사용해보고 싶은 고급샴푸가 'C'라는 것을 알 수 있습니다. 그렇다면 "'X'는 'A'와 'B'와 'C'를 더해

3으로 나눈 것과 같은 샴푸입니다"라고 설명하면 상대방은 안심하고 'X'에 대한 관심을 갖습니다.

이것은 극단적인 사례이지만, X= ∫(A, B, C)에는 더해서 3으로 나누는 것뿐만 아니라, 여러 가지 변형을 생각해볼 수 있습니다. 자신의 머릿속에 있는 요소가 아니라, 상대방의 머릿속에 있는 요소를 사용해 프레젠테이션하면, 성공률은 훨씬 올라갑니다.

이 방법은 자기소개에도 활용할 수 있습니다. 자기소개서야말로 자신을 드러내는 기본 프레젠테이션입니다. 저는 예전에는 "리쿠르트의 사다 마사시(佐田雅志, 일본의 가수, 작곡가, 작사가)입니다"라고 자기소개를 했고, 와다 중학교의 교장이 된 후에는 "교육계의 사다 마사시입니다"라며 웃음을 유발했습니다. 웃음으로 시작하면 상대방과의 거리가 좁혀져 제 자신도 안심을 하게 됩니다. 상대방의 머릿속에 있는 요소를 가지고 프레젠테이션을 하는 것이 비결이었죠. 아주 많은 유명인 중 비슷했던 것이 사다 마사시 씨여서 다행이라 생각합니다. 사다 마사시 씨와 꼭 닮은 외모로 낳아주신 부모님께도 감사드립니다(웃음). 그는 여러 세대에서 사랑받고 있어 일본에 사는 대부분의 어른들에게는 이런 식의 자기소개를 할 수 있습니다(단, 초등학생이나 외국인은 그의 얼굴을 모르는 경우가 많아서 안 통합니다).

| 후지하라식, 협상의 핵심 |
공통점을 찾아 상대방을 안심시키고,
상대방의 머릿속에 있는 요소로 말한다

협상 능력도 기본은 영업 전략, 프레젠테이션 스킬과 같습니다. 협상이라 하면 상대방을 꼼짝 못 하게 만들어 자신의 주장을 끝까지 밀고 나가는 것으로 생각하는 사람들이 있는데, 큰 오해입니다. 협상은 상대방의 이야기를 철저히 듣고, 공통점을 찾아 안심을 심어주고, 상대방의 머릿속에 있는 요소만으로 이야기하는 것입니다.

만약 저에게 협상 시간이 1시간 주어진다면 55분간은 상대방의 이야기를 듣는 데 전념하고, 상대방의 머릿속에 어떤 요소가 있는지 찾아냅니다. 인내하며 상대의 이야기를 들어주는 동안 상대는 반쯤 나를 인정하기 시작합니다. 그리고 'A'와 'B'

와 'C'가 상대방의 관심사라는 것을 알게 되면 마지막 5분 동안 간단하게 'A'와 'B'와 'C'를 설명하고 끝입니다. 프레젠테이션과 마찬가지로 상대방의 머릿속에 있는 요소로 승부를 보는 것이 협상입니다.

요컨대 협상 능력은 '듣는 힘'이라고 말할 수 있습니다. 듣는 기술을 연마하면 자연스럽게 협상 능력이 상승합니다. '듣는다'라는 단어에는 '聞', '訊', '聽'와 같이 여러 가지 한자가 있습니다. '聞(들을 문)'은 소리나 목소리를 귀로 듣는 말입니다. 질문하거나 타인의 지시에 따른다는 의미도 있습니다. 질문을 하는 의미라면 본래는 '訊(물을 신)'이라는 한자를 사용합니다. '聽(들을 청)'은 주의 깊게 듣는 것입니다.

듣는 기술을 연마하기 위해서는 신문, 청문, 즉 질문해서 그 답에 귀를 기울이고, 주의 깊게 듣는다는 것입니다. 이런 훈련을 평소에 해두면 당신이 말을 잘하지 못해도, 주장하는 것을 잘하지 못해도, 협상은 반드시 잘될 것입니다.

A 영역의 사람은 협상해야 하는 기회가 반드시 옵니다. 꼭 '듣는' 달인이 되십시오.

고객의 가족과
만나다

이어서 영업 전략, 프레젠테이션 스킬, 협상 능력을 훨씬 더 단련하기 위한 구체적인 테크닉으로 화제를 옮기겠습니다. 자세한 영업 테크닉에서 영업에 항상 따라다니는 접대 방법, 그리고 글로벌화가 진행되는 비즈니스에 있어서 끊으려야 끊을 수 없는 영어에 의한 커뮤니케이션에 관한 이야기도 하겠습니다.

영업에서는 '고객 가족의 얼굴을 보는 것'이 중요합니다. 상대방의 가족의 일원처럼 되면 이쪽이 이깁니다. 이런 고전적이라고도 할 수 있는 아주 흔한 영업 수법도 전략의 하나로서 기억해두세요.

저는 만 27세에 오사카로 부임해 신입 영업과장으로서 조립(prefabrication) 주택 각사의 신제품을 소개하는 정보지 〈하우징(후의 '월간 하우징')〉을 만드는 데 참가했습니다. 이때 오사카의 베테랑 영업맨으로부터 '택방'이라는 돌격 영업 노하우를 배웠습니다. 거래처 상대의 자택 주소를 알아내 1월 3일에 새우를 사 들고 방문하는 것입니다. 자택을 방문하기에 '택방'이라 합니다. 회사의 높은 사람들은 설날 연휴에는 부하가 찾아오기 때문에 1월 2일이나 3일에는 대체로 집에 있습니다. 그것을 노려 양복을 입고, 새우를 사 들고 방문하는 것입니다.

예전에 이런 영업맨이 있었습니다. 설날 연휴 거래처 부장님 댁을 방문했지만, 골프를 치러 가시고 안 계셨습니다. 그러자 안쓰럽게 생각하신 사모님이 집 안으로 들어오라고 해주셨습니다. 술을 받다 보니, 거나하게 취했을 때 남편, 즉 부장님이 귀가하셨습니다.

"너 참 안됐구나, 그렇게 마셨다면 아예 목욕도 하고 가라"는 말을 듣고 목욕도 하고 그대로 하룻밤 잤다고 합니다. 이후 부장님은 그를 가족처럼 생각해주게 되었고, 상담도 잘 성사되었다죠.

민완 영업사원 중에 일부러 상대방이 화를 내게 해 나중 자택으로 사과하러 간다는 대담한 사람도 있습니다. 상대방의 가족들과 친밀한 관계로 발전하기 때문입니다. 가장 효과적인 것은 '아이의 얼굴을 보는 것'입니다. 택방을 할 때 자제분을 위한 선물을 가져갑니다. 맛있는 과자 정도면 됩니다. 상대방이 없어도 부인의 얼굴을 보거나 자제분의 얼굴을 보는 것이 중요하며, 자제분에게 과자를 건네주는 시점부터 이쪽의 승리입니다.

상대방이 집에 돌아오면 부인은 선물을 두고 간 영업사원에 대해서는 나쁘게 말하지 않습니다. 가끔 불같이 화를 내면서 과자를 돌려주러 오는 사람이 있기는 하지만, 대체적으로 자제분이 이미 과자를 먹은 후입니다(웃음). 자택을 방문할 것, 가족의 얼굴을 볼 것, 선물을 가져갈 것. 그렇게 하면 상대방과 친밀해지기 쉬우며, 비즈니스도 잘됩니다. 이것은 매우 오래된 수법이지만, 거기에는 인간의 변함없는 심리가 깔려 있다고 생각합니다.

인간관계가 많이 변한 시대, 끈끈한 정을 싫어하고, 무조건 기계적인 방법을 택하는 사람도 있습니다. 하지만 이런 방식을 취하면 희소가치가 있는 사람이 되는 것은 확실합니다. 때로는 아날로그가 디지털을 앞서기도 하니까요. 인간적인 면모를 보임으로써 어쩌면 아날로그적 감동을 줄 수 있으니 말입니다.

자택을 전략적으로
사용하다

영업의 부수적인 일 중 하나가 접대입니다. 어떻게 하면 상대방의 기억에 남을 수 있는 접대를 할 수 있을까요? 접대의 요점은 '서프라이즈'입니다. 상대방에게 얼마큼 놀람을 줄 수 있는가가 승패를 가릅니다. 놀라워하는 순간 상대는 기쁨이 배가되기 마련이니까요.

'성숙사회'에서는 개인의 기호가 다양화되었기에, 옛날처럼 긴자나 아카사카의 고급요정에서 하룻밤 잘 놀면 확실한 접대가 되던 시절은 갔습니다. 방법에도 변화가 온 것이지요. 특히 접대를 많이 받아본 사람은 웬만한 이벤트에는 놀라지도 않습니다. 특별한 곳으로 데려가도 그다지 감동하지 않습니다. 지금이라면 스카이트리의 최상층 레스토랑에 데려가면 기뻐할 가능성은 크지만, 그것도 때와 기호가 있어 어렵습니다. 사람들이 다양화되고 있는 지금, 상대방은 모두 외국인이라 생각하고 접대를 하는 편이 좋습니다.

말이 전혀 통하지 않는 상대를 어떻게 하면 놀라게 해줄 수 있을까요? 외국인은 자신이 맛본 적이 없는 진귀한 체험을 했을 때 좋아하죠. 자신이 외국에 갔을 때, 어떤 체험이 좋았는지 생각해보면 알 수 있습니다. 그것이 희소성이 있는 체험이었다면 두고두고 기억에 남을 것입니다. 호화스럽다 해서 상대가 감동받는 것은 절대 아니라는 사실을 명심해야 합니다.

저는 리쿠르트에서 근무하며 접대를 자주 경험했습니다. 당시 자택을 전략적으로 활용하는 방법을 취하곤 했죠. 당시에 살던 곳이 도쿄 가치도키(勝どき)의 고층 아파트였는데, 손님을 일부러 저녁 5시 반경에 초대하곤 했죠. 베란다에서 스미다강이나 긴자거리, 도쿄 타워 등이 저녁노을에 붉게 물들어가는 풍경을 함께 맞이할 수 있었으니까요. 맥주와 가벼운 식사만 준비해두어도 상대방이 충분히 기뻐했었죠.

또 하나는 어디 다른 곳에서 식사한 후에 초대하는 패턴입니다. 커튼을 미리 닫아두었다가 조금 술이 들어간 후에 활짝 열어줍니다. 빌딩의 불빛이나 도쿄 타워의 아름다운 조명이 그림처럼 나타나면서 매우 강렬한 인상을 줄 수 있었습니다.

여기서 중요한 것은 자신의 무대에 상대방을 끌어들여 희소성을 연출하는 것입니다. 내 집이기에 당연히 상대방으로서는 완전히 남의 영역입니다. 여기서 유일무이의 접대를 하는 것입니다. 접대에 익숙한 사람일수록 첫 경험에 기뻐합니다.

저는 지금도 누군가를 접대하고 싶을 때, 자택이 있는 도쿄의 에이후쿠쵸(永福町)에 초대해 '캐비지가게'라는 오코노미야키 집에 데려갑니다. 지금까지 오사카나 히로시마에서 굉장히 많은 오코노미야끼를 먹어왔지만, 이 가게의 오코노미야끼는 '일본에서 가장 맛있다'라고 개인적으로 인정하는 곳입니다. 외국인을 데려가도 좋아합니다. '캐비지가게'는 부부가 경영하는 가게로, 남편은 파리에서 프렌치요리를 연수받고 온 인물입니다. 그래서 가게에 내놓는 와인 또한 좋습니다. 저는 이럭저럭 2,000점 이상, 와인을 선보이는 레스토랑을 가봤지만, '루로와'라는 아는 사람들만 아는 브랜드를 도쿄에서 내온 것은 이 오코노미야끼 가게가 처음입니다. 에이후쿠쵸 상가의 끝 쪽에 있으니 모르면 절대로 갈 수 없습니다. 그런 현지의 가게라면 거의 확실하게 서프라이즈가 될 수 있겠죠.

일점호화주의로
이긴다

그 후에 좀 더 이야기하고 싶을 때는 어떻게 하면 될까요? 이 때는 5분 거리를 추천합니다. 걸어서 5분 거리에 있는 자택으로 초대해 커피를 마시면서 이야기를 합니다. 사실 저희 집에도 서프라이즈를 준비해두고 있습니다.

일점호화주의(一點豪華主義, 1960~1970년대에 활동하던 일본의 전위예술가 데라야마 슈지가 만들어낸 말로, 정말 좋아하는 한 '점'에 대해서는 마음껏 사치하라는 뜻)로 매우 좋아하는 예술작품이 있습니다. 그것은 스페인의 화가 야드(Llado Joaquin Torrents)의 판화 원화로, 결혼 후 1989년에 장남이 태어난 직후 돈이 전혀 없었을 때 한눈에 반해 사버린 유화입니다. 화상에게 가격도 묻지 않고, "절대로 살 것"이라고 말했더니, 800만 엔이라고 했습니다. 수중에는 200만 엔밖에 없었기 때문에, 어머니와 친구들에게 돈을 빌려 어쨌든 모자라는 600만 엔을 끌어모았습니다. 아내는 불평하지 않았지만, 확실히 그때를 생각하면 엉뚱한 생각이었다고 저도 생각합니다.

이 그림을 자택으로 데려온 사람에게 보여주며, 지금과 같은 에피소드를 말합니다. 무리해서 산 그림을 이렇게 커뮤니케이션의 이야깃거리로 사용한 것이지요. 참고로 이 그림은 지금 팔면 상당한 가격이 됩니다(절대로 팔지 않겠지만). 경영학에 '란체스터의 법칙(Lanchester's laws)'이라는 유명한 전략이 있습니다. 약자는 전면 전개할 체력이나 자본이 없고, 전면 전개하면 강자에게 반드시 지기 때문에 어떤 한 점에 집중해서 확실하게 승리를 획득한다는 방법입니다. '란체스터의 법칙'은 인생의 여러 가지 상황에서도 유용한 전략입니다.

예를 들어, 독신인 사람이 좋아하는 이성을 자기 집에 초대하려 해도, 초호화 타워맨션에 살 수 있는 사람은 그렇게 많지 않을 것입니다. 그러니까 뭔가 한 가지로 한정해서 승부를 겁니다. 벚나무가 있는 강변 아파트에 살 경우, 벚꽃이 만개하는 일주일 동안만 그 사람을 초대합니다. 그 시기에 "우리 집에서 벚꽃놀이하자"라고 그녀 또는 그를 초대하는 것입니다. 그 이외의 360일은 다 버릴 정도의 각오만 있다면 승산이 있다고 생각하는데 어떠신가요? 때로는 호화주의가 제법 먹힐 수 있습니다. 그것 또한 뚜렷한 방법이니까요.

단순한 자기계발로는 무리.
일에서 사용할 기회를 만든다

기업의 영어 공용어화 움직임이 확산됨에 따라 비즈니스맨들의 영어 학습에 대한 열기가 높아지고 있습니다. A 영역에서 상위 1%를 지향하는 사람이라면, 꼭 해외 근무가 아니더라도 역시 영어는 익혀둘 필요가 있겠죠. 향후 비즈니스의 글로벌화는 필연적이기 때문입니다. 톱을 지향한다면 영어는 피할 수 없는 길입니다. 그래서 저의 영어 습득법을 전수하겠습니다. 누구나 할 수 있는 방법입니다. 꼭 따라 해보시기를 바랍니다.

저는 영어 회화에 오랫동안 콤플렉스를 갖고 있었습니다. 도쿄대학에 다닐 때 같은 반이었던 동급생 50명은 모두 대기업에 입사해, 27~29세 정도에 하버드나 스탠포드의 비즈니스 스쿨로 회사에서 지원금을 받아 유학했습니다. 당연히 영어로 말을 할 수 있고, 사업도 할 수 있습니다. 중소기업에 들어간 것은 저 혼자뿐이어서 유학 경험도 없습니다.

그러나 20대 후반은 리쿠르트사에서 과장에서 부장이 될까

말까 하는 중요한 시기였죠. 저는 일에 정말 열심이었습니다. 언젠가 유학하고 싶다는 생각은 했지만, 그 시기에 리쿠르트를 그만두고 자비로 유학할 생각은 하지 않았습니다. 그러나 유학을 가지 않아도 영어는 역시 공부해두는 편이 좋다고 생각했죠. 당시 니시신바시(西新橋)의 리쿠르트사 앞에 있던 영어학원에 동료와 함께 다녔습니다. 아침 7시 반부터 시작되는 수업이어서 회사에 출근하기 전에 레슨을 받았죠. 요즘 말하는 '아침 활동'입니다. 나와 동료가 함께 다니자, 상사까지 "나도 하겠다"라고 따라나서더군요. 모두 졸린 눈을 비비며 다녔는데, 영업 일이 바빠 결국 오래 가지는 못했습니다.

이 경험에서 얻은 교훈은 '일에서 사용할 기회가 없으면, 영어는 습득할 수 없다. 단순한 자기계발로는 무리'라는 것이었습니다. 그래서 일단은 단념했는데, 37세 때 '여기서 해외에 진출하지 않으면 평생 영어로 말할 수 없다. 영어를 습득할 것이라면 마지막 기회다'라고 생각했습니다. 유럽의 '성숙사회'를 보고 싶다는 목적도 있어, 저는 회사를 그만둘 각오로 리쿠르트의 인사과에게 이야기했죠. 그리고 런던대학의 비즈니스 스쿨의 객원 연구원으로 1년 동안 유학을 하게 됩니다.

영어를 정복하기 위해서는
통째로 외우기가 제일 좋다

당시 경영학자인 사카키바라 기요노리(榊原淸則, 현 게이오대학 명예교수)가 런던대학에 준교수로 부임하셔서 저를 객원연구원으로 불러주었습니다. 그러나 조건이 있었습니다.

"후지하라 씨, 반년 이내에 적어도 1번, 내 강좌에서 수업을 맡아주세요. 물론 모두 영어입니다. 시간은 1시간 30분입니다." 그렇게 영어를 사용해야만 하는 상황에 몰리게 됩니다. 어떤 주제로 이야기를 할지 고민한 끝에 리쿠르트에서 했었던 '휴먼 리소스 매니지먼트'에 대한 수업으로 결정했습니다.

1988년에 일어난 리쿠르트 사건을 전 세계 비즈니스맨들은 알고 있었습니다. 리쿠르트는 그 스캔들 때문에 망할 것이라 예상하기도 했죠. 1989년부터 매출을 급격히 늘리고 있습니다. 그것을 '휴먼 리소스 매니지먼트의 승리'라는 관점에서 설명하고자 했습니다. 슬라이드를 가능한 한 많이 사용하기로 했습니다. 계획을 철저히 세웠습니다.

'30분은 슬라이드를 보여주며 이야기를 하자. 나머지 1시간 분량의 이야기는 아무리 긴장하고 컨디션이 안 좋아도, 영어가 입에서 줄줄 나오게 하자.' 그러기 위한 방법은 하나였죠. 바로 통째로 외우는 것입니다. 우선 일어로 수업 내용을 쓰고, 그것을 영어로 고쳤습니다. A4 용지 1장에 일어로 1,000자 정도 가득 써놓고, 그것을 영문으로 고치면 A4 용지로 3장 정도가 됩니다. 일어 A4 용지 3장이 영문 A4 용지 10장이 되었죠. 정리해 학원 영어 교사에게 체크를 부탁드렸더니, "이런 표현으로는 전혀 통하지 않는다"라고 말하더군요.

'신규사업에서 하우징사업의 설립에 관련된…'이라고 쓰자, "'관련된'이란 구체적으로 무엇을 하고 있었는가? 판매인가? 영업인가? 기획인가?" 이런 식으로 되묻습니다. 모든 일에 있어서 "구체적으로 무엇을 했는가?", "어떤 부가가치를 낳았는가?", "당신은 무엇을 할 수 있는 사람인가?"에 대한 질문을 받아, '관련된', '제휴하는', '추진하는'이라는 애매한 표현은 모두 수정되었습니다.

본래 일본어는 정서적인 언어로, 목적어부터 시작해 주어를 말하지 않아도 됩니다. 상대방의 얼굴을 보면서 결론을 마지막에 말할 수 있습니다. 가령, "영국요리는 맛이 없다…고 저는 생각하지 않습니다"라는 등, 도중에 결론을 바꿀 수도 있습니다. 상대방과의 관계성을 매우 중시하는 양방향적인 언어죠.

그런데 영어는 그렇지 않습니다. 먼저 결론을 말한 후에 이유나 요소 등을 설명해가는 논리적인 사고가 중요합니다. 항상 주체성을 가지고 자신이 어떻게 생각하는지, 결론을 먼저 명확하게 말한 후에 그 이유는 무엇인지를 논리적으로 설명해야 합니다. 영작함으로써 그런 사고회로가 점차 만들어졌습니다. 이렇게 완성된 수업의 원고는 A4 용지로 10장 이상이었죠. 그쯤 되니 영어 구문이나 영어적 표현 등은 어렵지 않게 되었죠.

그때 제 나이는 37살이었습니다. 그 나이에 통으로 영어를 암기한 거죠. 무작정, 무조건이었다면 좀 답이 되려는지 모르겠네요. 생각지 않아도 입에서 줄줄 나오도록 외우고 또 외웠습니다. 독특한 표현방식도 영어로 충분히 가능하게 되었습니다. 예를 들어, "그런 일이 전 세계에 있죠"라는 표현은 "It is alwasys the case that…"이라는 것이 머리에 들어오자 상대방이 "상사가 내가 하는 말을 들어주지 않아", "우리 회사는 결단이 느려" 이런 표현을 할 때, "It is always the case" 등으로 말입니다.

단언컨대 영어 정복을 위해서는 A4 용지에 10장, 관련 일을 영작, 통으로 외울 것. 속았다고 생각하시고 한번 해보시기를 바랍니다. 외우는 것은 어렵지만, 외우고 나면 그보다 쉬운 일은 또 없으니까요.

| 후지하라식, 영어습득법 ③ |

자신의 이력서를 영어로 만들어
프레젠테이션한다

이력서를 영어로 써본 적이 있나요? 없다면 강력히 추천합니다. 그것을 통째로 암기하는 것도 추천입니다. 언젠가 유럽에 갔을 때였죠. 이력서를 영어로 작성했고 통째로 암기했습니다. 어땠냐고요? 첫 대면, 상대방과 대화를 할 때 완벽히 실행되었습니다.

자신을 프레젠테이션하기 위한 문장을 A4 용지 1장에 적어봅니다. 영문으로 고치면 A4 용지 3장 정도입니다. 외국인에게 소개하기 전 자신의 커리어를 되돌아보고, 정리할 필요가 있습니다.

자신은 무엇을 할 수 있는 사람인지, 왜 어찌해서 내가 가능한지 구체적으로 전하지 못하면 외국인은 이해해주지 않습니다. 해외 비즈니스가 비록 생기지 않을지라도 자신의 커리어나 능력을 정리하는 것은 향후 인생전략을 세우기 위해 큰 도움이 됩니다.

다음 3가지 단계로 자신의 이력서를 써보도록 합시다.

1. 자신이 해온 일을 전체적으로 살펴보고 정리한다

어떤 부서의 어떤 직함이었는지가 아니라 그 부서에서 자신이 실제로 무엇을 했는지 씁니다. 그로 인해 어떤 영향이 있었는지, 매출은 어느 정도 늘어났는지, 어떤 부가가치가 창출되었는지, 혹은 무엇에 실패했는지, 그것이 나중에 어떤 성과로 이어졌는지, 자신이 해온 일을 살펴보고 정리하는 것이 우선입니다.

2. 자신의 커리어를 총괄해, '세일즈 포인트'를 찾아낸다

이어 자신의 커리어 중 '세일즈 포인트'가 무엇인지 생각해봅니다. "당신은 무엇을 할 수 있는 사람입니까?"라는 질문을 외국인에게 받았을 때 어찌 답할 것인가를 생각해보면 되겠죠. 자신의 커리어를 부감으로 바라보고, 그것이 자신의 온전한 세일즈 포인트인지 잘 확인해보는 것입니다. 앞으로도 계속하고 싶은 일인지 생각합니다. 답이 '예'라면 이력서 서두에 크게 기입해봅시다. 자신의 캐치프레이즈를 만드는 작업이라고도 할 수 있습니다.

3. 자신이 개인적으로 계속하고 있는 사회적인 활동을 나타냅니다

외국인은 사회적인 활동을 중시합니다. 따라서 회사 이외에서의 활동이 있다면 기입합니다. 아, 여기서 역시 직함이 아닌, 무엇에 관심이 있고, 어떤 활동을 하며, 어떤 공헌을 하고 있는지가 관건입니다.

자, 이상 정리했다면 원고를 씁니다. 현재의 일에 가장 가까운 것부터 순차적으로 써 내려갑니다. 예로 일본의 이력서는 현재의 일에서 먼 것부터 씁니다. 한국도 비슷하지요. 태어난 시점부터 초등학교, 중학교, 고등학교, 대학교 등 학력을 쓴 후 직업력을 기재하는 식 말입니다. 그리고 직장인인 경우 입사해 지금까지 어떤 부서에서 어떤 일을 해왔는지를 씁니다.

이러한 일본, 한국의 이력서를 저는 '위치 에너지형'이라 부릅니다. 그러나 서구에서는 '운동 에너지형'이라 합니다. 현재부터 과거로 거슬러 올라갑니다. "결국 당신은 무엇을 할 수 있는 사람인가?"라는 결론이 가장 중요하기 때문에 먼저 말하는 것입니다.

영작한 원고를 원어민도 알아들을 수 있도록 원어민 체크를 합시다. 영어 학원에 다니고 있다면 선생님을 붙잡고 A4 용지 1장의 한국어 이력서와 A4 용지 3장의 영문 이력서를 보여주고, 수정을 도와달라고 합니다. '어떤 표현을 하면 상대방에게 보다 더 매력적으로 전해지고, 감명을 줄 수 있는가?' 연출을 포함해 조언을 구하는 것입니다.

완성된 A4 용지 3장의 이력서는 반복해 통째로 외웁니다. 중요합니다. 자신에 관한 내용이기 때문에 자신이 누구보다 전문가입니다. 암기하는 데도 그다지 힘이 들지 않습니다. 경제에 관심이 없는 사람이 경제 뉴스의 영문을 암기하는 것과는 완전히 다릅니다.

이 이력서는 한번 암기해두면 외국인과 이야기를 할 때 언제라도 사용할 수 있습니다. 더구나 자신에 대한 화제이기에 자신의 무대로 끌어올 수 있습니다. 상대가 영어로 여러 질문을 해와 혹시 알아듣지 못해도 자신에 관한 화제이기에 대체로 예측이 가능합니다. 상대방이 어떤 질문을 하더라도 모르는 주제를 가지고 이야기하는 것은 불리합니다. 영어에 자신감을 잃을 뿐이죠. 그 때문에 우선 준비한 이력서로 대화를 하고 자신감을 갖는 것이 중요합니다.

10년 후쯤 모든 산업계는 현재의 50% 정도로 줄어들겠죠. 요컨대 망하거나 합병되거나 하면서 도태됩니다. 지나온 10년 동안도 그렇게 도태가 되었으니까요. 업계마다 20개 사 정도 있었던 것이 10개 사 정도로 줄어들었습니다. 이런 일이 앞으로 10년간 또 반복될 것입니다. 그리고 남은 5개 회사 중 절반인 2~3개 사는 외국 투자 회사가 될 것입니다. 더구나 옛날처럼 앵글로색슨계가 아니라 한국이나 중국, 인도 회사일 수 있습니다. 자신의 상사가 어느 날 인도 사람으로 바뀌는 일도 높은 확률로 일어날 수 있습니다.

취직 능력(employability)를 높이기 위해서 자신의 이력서를 영문으로 만듭시다. 그것을 영어로 어필할 수 있게 만드는 것은 그래서 매우 중요합니다. 준비를 미리 해두었다면 고용의 기회는 2배가 될 것이고 그렇지 못했다면 반으로 줄어들 것입니다. 자, 이제 영문 이력서 쓸 준비되셨나요?

'정답주의', '전례주의', '무사안일주의'를 타파할 수 있다

▶ 정답주의, 전례주의, 무사안일주의를 타파할 수 있는
사람이 되어라!

일본인이 제일 좋아하는
'정답주의', '전례주의', '무사안일주의'

저는 항상 일본인이 신봉하는 '정답주의'는 안 좋은 문제라고 생각합니다. '정답주의'란, '정답은 반드시 있다. 그것도 딱하나만'이라는 생각입니다. 교육 현장에서 학생들에게 각인되고 있는 문제입니다.

예를 들어, 국어시간에 다자이 오사무(太宰治)의《달려라 메로스》를 읽어주고 "돌아오는 길의 메로스의 기분에 가까운 것을 다음 4개 중에 고르시오"라고 '정답'을 고르게 합니다. 아이들은 무의식중에 "정답은 하나뿐, 그 이외에는 잘못된 것이다"라는 고정관념을 갖게 됩니다. 그런 고정관념에 의한 폐해

가 '성숙사회'에 들어간 지금, 여러 분야에서 분출되고 있습니다. '성숙사회'에서는 반드시 옳은 '정답' 같은 것은 어디에도 없습니다.

앞으로의 시대는 정답이 없는 문제를 풀 수 있는 사람이 필요합니다. 그런 사람이야말로 조직에서 리더가 될 수 있습니다. 저는 '정답'이 아니라 '납득해(納得解)'를 얼마큼 도출할 것인가가 중요하다고 생각합니다.

'정답주의'와 마찬가지로 관료제나 큰 조직에서 잘 볼 수 있는 나쁜 관습은 '전례주의'와 '무사안일주의'입니다. 이 삼위일체의 풍토가 만연된 조직은 앞으로 부패가 진행되겠죠.

우선 사회의 변화가 격렬하기 때문에 '전례'가 그대로 통용되는 시대가 아닙니다. 과거에는 잘 해결되었던 방식이라도 그것이 그대로 통용될 것이라고 할 수 없습니다. 그렇게 되면 참고로 해온 과거의 데이터나 노하우가 없기 때문에 실패가 많아집니다. 그러나 실패를 피하려고 하는 '무사안일주의'로는 시대를 극복할 수 없습니다.

"800명이 있기 때문에
700개의 케이크는 받을 수 없습니다"

'정답주의', '전례주의', '무사안일주의'의 삼위일체 풍토가 초래한 전형적인 사건이 있었습니다. 동일본대지진이 일어난 지 한 달 정도가 지났을 때였습니다. 친구 중에 센다이 출신의 사업가인 타치바나 군이 피해지역의 자원봉사를 시작했습니다. 그러자 그의 지인이며 도쿄의 파티쉐(제과사)가 '피해지역 아동들에게 단것을 먹이고 싶다'면서 롤케익을 철야 작업으로 700개 완성해 타치바나 군에게 기탁했습니다. 타치바나 군은 아침 일찍 도쿄에서 출발해 피해지역까지 차로 약 8시간 걸려 롤케이크를 운반했습니다.

그런데 800명의 피난민이 있는 대피소에 들어갔을 때 케이크는 전달되지 않았습니다. 받아주지 않았던 이유가 무엇일까요? 대피소 책임자가 "우리는 800명인데, 700개로는 100개가 모자라기 때문에 받을 수 없다"라며 거부했다는 것입니다. 놀라운 것은 그곳뿐만이 아니었습니다. 타치바나 군이 차로 몇 군데의 대피소를 방문했지만, 2분의 1의 확률로 거절당했다고 합니다. 그것은 대피소 책임자가 '정답주의', '전례주의', '무사안일주의'에 빠져 있었기 때문입니다.

'800명에게는 800개'라는 하나의 답밖에 없다는 '정답주의'. 과거 숫자가 맞지 않는 것을 받은 적이 없으니 받을 수 없다는 '전례주의'. 받아서 피난민으로부터 불만이 나오면 곤란하다는 '무사안일주의', 그것은 그대로 일본 교육 현장의 문화 문제이기도 합니다.

타치바나 군이 가져갔다가 거절당한 대피소의 대부분은 학교의 교감선생님이 책임자를 맡고 있던 곳입니다. 학교는 가장 '정답주의', '전례주의', '무사안일주의'가 만연된 세계입니다. 왜 좀 더 융통성을 발휘하거나, 상상력을 동원할 수 없는 것일까요?

당신이라면 800분의 700문제에 어떻게 대응하시겠습니까?

만약 당신이 대피소의 책임자라면 어떻게 하겠습니까? 800명이 있다고 모두 단 것을 좋아한다는 보장이 없습니다. 단것을 싫어하는 사람도 있을 것입니다. 당뇨병인 사람이 있을지도 모릅니다. 혹은 대피소이긴 해도 다이어트를 하는 중이라 먹지 않겠다는 사람도 있을 수 있습니다.

저는 강연에서 지금까지 100회 이상, 이 '800분의 700문제' 를 청중에게 물어봤습니다.

"이 자리에 회장의 인원 수보다 적은 수의 케익이 운반되어 왔다고 치고, 바로 먹고 싶은 사람은?" 하고 물어보면 여성을 중심으로 손을 듭니다. "그렇다면 단 것을 싫어하는 사람, 병 때문에 먹을 수 없는 사람, 다이어트 중이라 먹고 싶지 않은 사 람은?"이라고 물으면, 10%에서 20%, 많을 때는 30%의 사람 이 손을 듭니다.

즉, 800명 있는 대피소에서 700개의 롤케이크를 받아서 그 대로 나누어주었다 하더라도 아무런 문제가 일어나지 않았을 가능성이 큰 것입니다.

백번 양보해 "케이크는 날 것이라 썩으면 곤란하다. 다른 대 피소에는 어르신이나 아이들이 많으니 그쪽으로 가져갔으면 좋겠다"라는 대답이었는지도 모릅니다. 그러나 컵라면조차 700개 가져간 봉사자가 800명 있는 대피소에서 거절당한 사례가 있다고 들었습니다. '800명에게는 800개'라는 답밖에 없고, 그 이외의 답은 생각하려고 하지도 않는다는 것은 절대로 잘못되었죠.

만약 산수를 할 수 있다면, 더구나 학교 교감 선생님이 책임자라면, 롤케이크 하나를 반으로 나누면 700개가 1,400개가 되니, 800명에게 반씩 나누어줄 수 있다는 정도는 왜 생각해내지 못할까요?

'남은 600개는 어떻게 할 것인가?'라는 걱정을 하는 것이라면 증세는 더 심각합니다. 그야말로 좀 더 상상의 나래를 펴서 해결할 수 있는 문제였습니다.

가령 저라면, 가위바위보 대결이나 빵 먹기 경쟁 등을 통해 이긴 사람에게 남은 롤케이크를 주겠습니다. 할머니, 할아버지, 아이들이 함께 게임을 해서 한순간이라도 웃게 되면 좋지 않습니까? 피해 지역에서 웃는 일을 만들어주는 일, 롤케이크로 가능했는데 말이지요. 지진이 일어났을 때의 혼란기를 거쳐 한두 달 시간이 지나 대피소 생활이 길어지면 스트레스도 쌓일 수밖에 없습니다. 물론 대피소 옆에서는 자위대가 시체를 수색해 유족에게는 정말 힘든 상황이 계속되고 있었습니다. 그러나 동시에 살아남은 사람들의 스트레스를 날려주는 일도 필요했을 것입니다. 그것이 대피소의 책임자가 해야 할 중요한 매니지먼트 행위이기도 합니다.

저라면 이런 엔터테인먼트적 발상을 했을 것입니다. 우선, 초등학생, 중학생, 고등학생을 모아서 이렇게 물어봅니다.

"이 대피소에는 모두 800명의 사람이 있는데, 700개밖에 롤케이크가 오지 않았어요. 자, 어떻게 하지?"

그러면 초등학생이라면 배운지 얼마 안 된 나눗셈으로 문제를 해결하려고 할지도 모릅니다. 그러나 700은 800으로 나눌 수 없습니다. 어떻게 해야 할지 몰라서 힘들어할지도 모릅니다. 중학생이라면 1개의 롤케이크를 여러 등분하려고 하는 머리 좋은 아이도 있겠죠. 고등학생이라면 미적분을 사용해서 나누려고 생각할지도 모릅니다. 이렇게 해서 20분 정도 생각하게 한 후, 자신들의 방안을 대피소 모두의 앞에서 프레젠테이션시킵니다. 그중 가장 좋다고 생각하는 방안에 대해서 할아버지와 할머니에게 박수로 결정하게 합니다. 그렇게 결정된 방안으로 롤케이크를 배분하면, 아무도 불평할 사람이 없을 것이라고 저는 생각합니다.

조직의 정상까지 오르는 사람은
결국 어떤 사람인가?

'성장사회'에서 정상 근처까지 올라가는 것은 승부를 하지 않는 사람이었습니다. 즉, 실패하지 않았던 사람이죠. 경제 전체가 상승세였기 때문에 굳이 승부를 하지 않아도 되었던 것입니다. 평소대로 일만 하면 성과를 낼 수 있었을 테니까요. 그렇기에 승부가 불필요합니다. 오히려 너무 눈에 띄면 실패를 할수가 있어 리스크가 컸습니다.

앞서 말한 '800분의 700문제'에 준해 말하자면, 정답이 곧장 나오는 '800분의 800문제'가 많았던 것이죠. '800분의 800'만을 정답으로 하고, 700개의 롤케이크는 "받을 수 없다"라고 하는 사람이 주위에서 불평불만도 없고 안전했다고 할 수 있습니다.

약간 색다른 답을 제안해 승부를 거는 사람에게 회사는 몇 번이고 도전시킵니다. 당연히 이길 때도 있고, 질 때도 있습니다. 실패할 때까지 도전을 시키기 때문에 마지막에는 관련 회사로 이동명령이 떨어지기도 합니다.

그러나 '성숙사회'는 '800분의 700문제'와 같은 딱 떨어지지 않는 문제만 출제됩니다. 승부를 피하고 실패한 경험이 없는 사장이 움직이는 회사는 자칫 안 좋은 결과를 낳을 것입니다. 실패의 경험이 없는 사람은 문제 해결 방법을 모릅니다. 정답이 아무 데도 없는 가운데 모두가 납득할 만한 '납득해'를 도출할 수 없습니다. 앞으로 실패한 적이 없는 사람은 현상 유지조차도 어려워질 것입니다.

하시모토 도루(橋下徹) 오사카 시장은 '정답주의', '전례주의', '무사안일주의'를 타파하고 있는 리더의 전형적인 사람이라 생각합니다. 공무원 세계는 이 삼위일체에 완전히 빠져 있는데, 그것을 과감하게 무너뜨리려 합니다. 오사카시의 공식사이트 왼쪽 위에 "오사카 시청은 '전례가 없다'라는 말은 하지 않습니다!"라는 메시지가 표시되어 있습니다. 보기 드문 시청의 모습에 저는 박수를 보냈습니다.

물론 '정답주의', '전례주의', '무사안일주의', 이 삼위일체를 타파하면 실패가 많아지지만, 그 실패를 토대로 미래를 살릴 수도 있음을 인지해야 합니다. 시행착오를 두려워한다면 새로운 시대에 조직의 리더를 맡을 수 없습니다. 실패는 성공의 어머니라는 말은 괜히 생긴 게 아니니까요.

나에게 맞지 않는 상사가 있다

▶ 위로 가면 갈수록 상사가 최대의 리스크

상사는 월급쟁이의
최대 위험 요소

A영역에서 상위 1%를 향해, 조직의 피라미드를 올라갔습니다. 평사원에게는 보이지 않았던 함정이 정상 부근에서 실체를 드러냅니다. 젊었을 때는 출세라는 고지에 오르면 무작정 넓고 편안한 경치가 펼쳐질 것으로만 상상합니다.

과연 그렇기만 한 걸까요? 정상의 뒤편은 올라선 다음이라야 실체를 보이기 마련입니다. 상사와의 관계 하나로 불편해지는 일이 자주 발생합니다. 소위 '상사 리스크'가 생기는 것입니다. 그것을 A영역에서 정상을 지향하는 사람들이라면 반드시 알아두어야 합니다.

월급쟁이는 출세하면 할수록 경쟁 상대가 좁혀지며, 상사의 수가 적어집니다. 하지만 막상 상사와의 관계가 악화되면 도망칠 곳이 없어집니다. 아무리 상사에게 아부해도, 자신을 봐주고 끌어주던 상사가 어느 날, 갑자기 실각할 수도 있습니다. 후원군을 잃게 되면 자칫 경쟁 상대에게 좌천당할지도 모릅니다. 즉, 위로 갈수록 상사가 최대의 리스크가 되는 것입니다.

20대라면 맞지 않는 상사가 있더라도 몇 년만 참으면 상사가 이동할 확률도 상당히 높습니다. 가령 자신이 생각지도 못한 부서로 이동했다고 하더라도 조금만 참으면 언젠가는 자리바꿈이 있을 수 있으니까요. 도저히 참을 수 없으면 젊은 패기로 다른 회사로 옮길 수도 있습니다.

그렇지만 40대쯤 되면 이야기가 달라지겠지요? 이제 부장을 목표로 하는 단계에서 자신과 맞지 않는 상사가 있다면 어떻게 될까요? 사내 이동의 수는 적어지고, "그만두겠어!"라고 자신 있게 말하고 싶어도 결코 쉬운 일이 아닙니다. 그 어떤 누구와 실력을 겨루어도 자신 있다면 모를까 회사를 쉽게 옮길 수 있는 상황이 아닙니다. 처자가 있고, 주택 할부도 남아 있고, 아이들의 교육비가 더 많이 들어가는 상황에서 자신 있게 사표를 낼 만한 40대는 아마 없을 것입니다. 회사 제휴할부를 이용하게 되면 회사에 완전히 얽매이게 됩니다.

아무리 자신과 맞지 않는 상사가 있어도 꼼짝 못 하고 회사가 지옥으로 변할 수도 있습니다. 출세하면 할수록 인원이 줄어든 상사와의 관계에 세심한 주의를 기울여야 합니다. 마지막까지 방심은 절대 금물입니다.

대체 불가능한
인재가 되다

자신과 맞지 않는 상사와 부딪혔을 때 방법이 있을까요? 상사 리스크를 줄이기 위해서는 대체 불가능한 인재가 되어야 합니다.

대체 불가능한 인재란, 상사와 회사가 실각시키고 싶어도 절대 그럴 수 없는 인재를 말합니다. 현장의 우수한 이들이 자신 편에 많이 서 있고, 좋은 고객을 직접적으로 확보한 사람이 바로 대체 불가한 인재입니다. 이런 사람이 되면 회사는 혹시 문제가 생기더라도 쉽게 그만두게 할 수가 없습니다.

사장까지 가지 않더라도 임원이 되는 정도의 사람이라면 아마도 사람들이 많이 따르는 리더십도 있고, 좋은 고객을 확보한 케이스가 많을 것입니다. 그런 사람은 가령 맞지 않는 상사와 부딪히더라도 "내가 지금 이 회사를 그만두고 경쟁회사로 가면 얼마큼의 손실이 있을지 알고 계시죠?"라고 회사와 협상을 할 수가 있습니다. '우수한 부하 집단과 큰 고객을 통째로 데리고 경쟁회사로 가버리면 곤란하다' 회사에게 그렇게 느끼게 한다면 당신이 이긴 것입니다. 그대로 출세 가도를 달리십시오.

요컨대 희소성이 높은 인재는 자르지 못한다는 것. 그런데 무서운 것은 출세하면 할수록 현장에서 벗어나기 때문에 일반적으로는 희소성을 잃게 됩니다. 우수한 부하도, 큰 고객도 직함이 높아질수록 직접 관여하지 않게 될 것입니다. 따라서 월급만 비싸고 쓸모가 없는 대체 가능한 인재가 될 가능성이 커집니다. 이러한 조직상의 딜레마가 있을 수 있으니 항상 주의하는 것, 잊지 맙시다.

누가 사장이 될지는
운과 직감에 달렸다

마지막으로 누가 사장이 될 수 있는가? 그것은 아무도 예측할 수 없습니다. 마지막에는 운과 직감입니다. 지금 시대는 환경 변화의 속도가 빠르기 때문에 더욱 그 흐름을 읽을 수 없습니다.

가령 2009년에 민주당의 하토야마 유키오 씨가 수상이 된다고 예측했던 사람이 있었을까요? 2008년의 자민당 당수, 아소 타로 씨까지는 예측이 가능해도, 민주당으로 정권이 교체된 후, 하토야마 유키오 씨, 간 나오토 씨, 노다 요시히코 씨가 일본의 총리가 된다는 것을 예측했던 사람은 거의 없었습니다. 이 2년간을 생각해보더라도 아베 신조 씨가 다시 한번 수상이 되리라고는 아무도 생각하지 않았을 것입니다. 즉, 누가 톱이 될지는 예측 불가능합니다.

환율 하나를 보더라도 엔화강세인 상황에서는 원자재를 해외에서 조달하고 있는 부문이 코스트 메리트를 내고, 수입 부문의 인재가 권력을 갖지만, 엔화약세로 크게 돌아서면 수출 부문의 인재가 권력을 갖고, 한꺼번에 형세가 뒤바뀝니다.

세상에 어떤 일이 일어날지 알 수 없습니다. 상황은 순간순간 변화하며, 조직에서의 균형은 계속 변합니다. 최종적으로 톱으로 올라가는 것은 운과 직감이 매우 중요하다는 사실, 역시 잊지 맙시다.

A영역을 지향하는
사람에게 보내는 메시지

A영역에서 '100명 중 일인자'인 상위 1%의 사람이 되기 위해서는 마지막에는 운과 직감인데, 운을 끌어들이는 강한 의지도 필요합니다. 항상 생각하고 있는 사람에게 행운은 다가오기 때문입니다. 신입이라 하더라도 '내가 사장이 될 거야!', '빨리 리더가 되고 싶다'라는 의식을 가지고 일을 하는 것이 중요합니다. 의식은 현실로 나타나기 마련입니다.

제2장

경제적 가치
×
프로 지향
∨
개인 사업가 타입

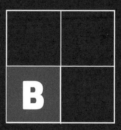

'기술'을 추구하는 사람의
4가지 조건

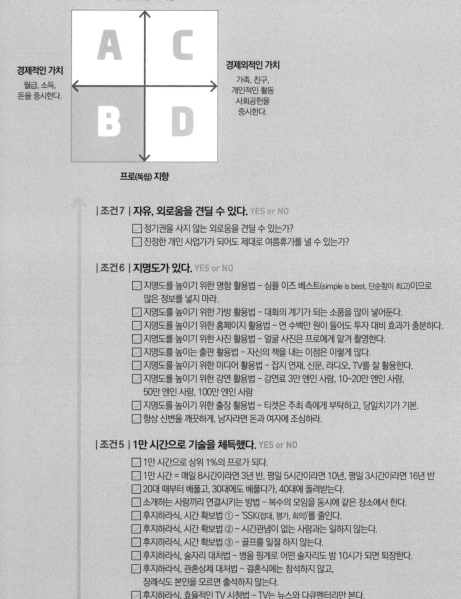

권력(월급쟁이) 지향

A　C

경제적인 가치
월급, 소득,
돈을 중시한다.

경제외적인 가치
가족, 친구,
개인적인 활동
사회공헌을
중시한다.

B　D

프로(독립) 지향

| 조건 7 | **자유, 외로움을 견딜 수 있다.** YES or NO

　☑ 정기권을 사지 않는 외로움을 견딜 수 있는가?
　☑ 진정한 개인 사업가가 되어도 제대로 여름휴가를 낼 수 있는가?

| 조건 6 | **지명도가 있다.** YES or NO

　☑ 지명도를 높이기 위한 명함 활용법 – 심플 이즈 베스트(simple is best, 단순함이 최고)이므로
　　많은 정보를 넣지 마라.
　☑ 지명도를 높이기 위한 가방 활용법 – 대화의 계기가 되는 소품을 많이 넣어둔다.
　☑ 지명도를 높이기 위한 홈페이지 활용법 – 연 수백만 원이 들어도 투자 대비 효과가 충분하다.
　☑ 지명도를 높이기 위한 사진 활용법 – 얼굴 사진은 프로에게 맡겨 촬영한다.
　☑ 지명도를 높이는 출판 활용법 – 자신의 책을 내는 이점은 이렇게 많다.
　☑ 지명도를 높이기 위한 미디어 활용법 – 잡지 연재, 신문, 라디오, TV를 잘 활용한다.
　☑ 지명도를 높이기 위한 강연 활용법 – 강연료 3만 엔인 사람, 10~20만 엔인 사람,
　　50만 엔인 사람, 100만 엔인 사람
　☑ 지명도를 높이기 위한 출장 활용법 – 티켓은 주최 측에게 부탁하고, 당일치기가 기본.
　☑ 항상 신변을 깨끗하게, 남자라면 돈과 여자에 조심하라.

| 조건 5 | **1만 시간으로 기술을 체득했다.** YES or NO

　☑ 1만 시간으로 상위 1%의 프로가 된다.
　☑ 1만 시간 = 매일 8시간이라면 3년 반, 평일 5시간이라면 10년, 평일 3시간이라면 16년 반
　☑ 20대 때부터 베풀고, 30대에도 베풀다가, 40대에 돌려받는다.
　☑ 소개하는 사람끼리 연결시키는 방법 – 복수의 모임을 동시에 같은 장소에서 한다.
　☑ 후지하라식, 시간 확보법 ① – 'SSK(접대, 평가, 회의)'를 줄인다.
　☑ 후지하라식, 시간 확보법 ② – 시간관념이 없는 사람과는 일하지 않는다.
　☑ 후지하라식, 시간 확보법 ③ – 골프를 일절 하지 않는다.
　☑ 후지하라식, 술자리 대처법 – 병을 핑계로 어떤 술자리도 밤 10시가 되면 퇴장한다.
　☑ 후지하라식, 관혼상제 대처법 – 결혼식에는 참석하지 않고,
　　장례식도 본인을 모르면 출석하지 않는다.
　☑ 후지하라식, 효율적인 TV 시청법 – TV는 뉴스와 다큐멘터리만 본다.
　☑ 후지하라식, 아날로그 수첩술 – 스케줄관리와 다이어리는 모두 수첩 1권으로 관리한다.

| 조건 4 | **사내 개인 사업가가 될 수 있다.** YES or NO

　☑ 회사의 수명보다 자신의 수명이 더 긴 시대
　☑ '셀프 엠프로이드(self-employed)'라는 의식을 가지는 '사내 개인 사업가'를 권한다.
　☑ 후지하라식, 독서 철학 – 독서는 저자의 시점에서 세상을 바라보는 것
　☑ 후지하라식, 독서법 – 지금은 0권이라도 주 2권을 목표로 한다
　☑ 후지하라식, 서점 활용법 – 직접 나가 서점을 정점 관측한다!
　☑ 후지하라식, 도서관 활용법 – 도서관을 자신의 책장으로 만든다!
　☑ 점심이나 미팅 장소를 정해둔다.

B영역은, '경제적 가치'를 중시하면서 '프로 지향'이 있는 이른바 '개인 사업가 타입'의 사람입니다. 지금은 조직에 있어도 자신의 능력을 연마해 장차 독립을 꿈꾸고 있는 경우죠. 한마디로 표현하면, '기술'을 추구하는 사람이라 할 수 있습니다. '종신고용이나 연공 서열이 바로 붕괴되고 있는 지금, 회사에 평생 멸사봉공하는 것은 리스크일 뿐이다. 언제 어디서든지 돈을 벌 수 있는 프로가 되고 싶다'라고 생각하는 사람이 바로 B영역에 있는 사람입니다. 그렇다면 B영역에서 상위 1%의 사람이 되려면 어떻게 해야 할까요? 그러기 위한 4가지 조건을 제시하겠습니다.

사내 개인 사업가가
될 수 있다

▶ 사내 개인 사업가가 되어라!

회사의 수명보다
자신의 수명이 더 긴 시대

고도성장기에는 자신의 수명보다 회사의 수명이 더 길다는 이미지가 있었습니다. 그래서 누구나 회사에 평생 몸을 맡기고자 했죠. "기대려면 큰 나무 아래"라는 말이 있듯이, 대기업에 들어가고 싶어 한 것도 어쩌면 당연합니다. 회사의 수명은 영원한 것으로 여겨졌기 때문이죠.

그러나 버블 경제가 붕괴된 후, 대기업의 도산이 잇따르고, 자신의 수명보다 회사의 수명이 더 짧다는 것을 알아차렸습니다. 회사가 망하지 않더라도 자신이 몸담고 있던 부서가 통째로 없어지는 경우도 늘어났죠. 구조조정이 진행되고, 조직의 구조가 매우 짜임새 있게 바뀌고 있습니다. 쓸데없는 사업은 없애고, 사업 부문마다 회사를 나누어 사업회사로 만들고, 무슨 사업을 하는 회사인지를 명확하게 만들고 있습니다. 그리고 각각의 사업회사에는 사장, 임원이 있고, 전체적으로 'OO홀딩스'라는 형태를 취하는 기업도 늘고 있습니다.

시대의 변화가 빨라지고 있기 때문에 사업의 라이프 사이클이 짧아지고, 조금 기울어지면 사업의 콘셉트 그 자체를 변화시켜가지 않으면 살아남지 못하게 됩니다. 즉, 자신이 소속된 회사의 생애주기보다 자신의 생애주기가 긴 역전 현상이 일어나고 있는 것입니다.

"기대려면 큰 나무 아래"라는 말은 이제 통용되지 않습니다. 조직에 있다 해도 "믿을 수 있는 것은 자신의 능력밖에 없다"라는 각오를 해야 합니다. 그런 능력을 어떻게 연마할 것인가가 관건이죠.

자기 자신이 큰 나무가 되기 위해 평생 줄기를 자라게 하고 가지를 뻗어내며 꽃과 열매를 맺어야 합니다.

'셀프 엠프로이드(self-employed)'라는
의식을 가지는 '사내 개인 사업가'를 권한다

B영역을 지향하기 위해서는 우선 무엇보다도 '셀프 엠프로이드'라는 의식을 높게 갖고 일하는 것이 중요합니다. 셀프 엠프로이드란, '자가 경영의 사람'이라는 뜻입니다. 월급쟁이라 하더라도 자기가 자신을 고용하고 있는 경영자라 생각해, 프로로서 회사에 대해 부가가치를 창출해갑니다. 즉, 회사 속에서 개인 사업을 하는 감각을 가지는 것입니다. 간단하게 말하자면, '사내 개인 사업가'를 지향하자는 말입니다.

B영역에 있는 사람은 회사의 힘에 의지하며, 상사의 눈치를 보면서 일을 하고 있어서는 안 됩니다. '제 상사는 회사 전체입니다'라는 의식을 갖는 것이 '사내 개인 사업가'가 되는 가장 첫걸음입니다. 회사에 기대는 것이 아니라 회사가 축적한 자산을 이용해 회사를 비즈니스 스쿨이라 생각하는 것이죠. 그 생각으로 자신의 능력을 철저하게 연마해나가는 것입니다. 사외로 눈을 돌려 언제 어디든 통용되는 스킬을 단련시킵시다.

'회사 내에서 그런 일을 하면 월급쟁이로서의 위치가 위험해지는 것이 아닐까?'라고 걱정하는 사람이 있을지 모르겠으나 오히려 반대로 강점이 됩니다. '프로 지향'적 마인드, 스스로 무기를 가지게 되면, 나 자신 즉, 개인이 브랜드가 될 가능성이 있습니다. 개인이 브랜드화되면 인재를 배출했다고 여겨 회사 측에도 이점이 생깁니다. 인재를 회사가 쉽게 놓아줄 리가 없겠지요.

자, 이제 회사와 대등한 관계가 될 수도 있는 것입니다. 회사에 자신이 바라는 대로 협상할 수도 있습니다.

| 후지하라식, 독서 철학 |

독서는 저자의 시점에서
세상을 바라보는 것

그렇다면 '사내 개인 사업가'가 되기 위해서는 무엇이 필요할까요? 그리고 어떤 스킬이 중요할까요?

어떤 프로를 지향한다고 하더라도 비즈니스 세계에서 살아남기 위해서는 역시 교양이 없으면 상대를 해주지 않습니다. 특히 일류인 사람은 교양이 기본이라 반대인 사람을 낮게 보는 경향이 있습니다. 어떤 비즈니스에서도 인간관계나 커뮤니케이션의 능숙함은 기본입니다. 따라서 교양은 모두의 베이스가 됩니다.

그렇다면 어떻게 하면 교양을 갖출 수 있을까요? 서론에서도 말씀드렸지만, 그 베이스가 되는 것 역시 독서입니다. 여기서 제 나름대로의 독서 철학과 독서술을 정리해두겠습니다.

인간은 자기 혼자의 시점으로 다양화된 세상을 모두 발견할 수 없습니다. 그래서 책이 필요합니다. 책을 읽으면 저자의 시점에서 세상을 볼 수가 있습니다. 가령 제 책을 읽는다는 것은 제 시점에서 세상을 본다는 것입니다. '후지하라 롤플레이(역할놀이)'를 하는 것과 같습니다. 이런 시점의 전환을 얼마큼 가능할까요? 만약 800만 가지의 시점을 획득할 수 있다면 800만 신(일본의 민간신앙에서는 모든 사물에 신이 깃들어 있다고 생각해, 모든 신을 800만 신으로 표현함), 즉 신의 시점에서 이 세상을 바라볼 수 있다고도 할 수 있습니다.

책은 여러 시점으로 볼 수 있도록 다각도로 잘 표현되어 있습니다. 또한 전문성이 가득 차 있습니다. 독서는 단 몇 시간으로도 내 것으로 만들 수 있다는 엄청난 장점이 있습니다. 읽은 만큼 득이 되는 것이죠. 압도적인 독서 체험은 자신의 머릿속에 교양의 데이터베이스를 구축합니다. 그것이 충만해지면 충만해질수록 사물을 보거나 생각할 때의 깊이가 더해집니다.

| 후지하라식, 독서법 |

지금은 0권이라도
주 2권을 목표로 한다

사실 20대 후반까지 저 역시 독서 습관이 전혀 없었습니다. 그런데 20대 후반에 리쿠르트의 전설적인 편집자인 구라타 마나부 씨에게 "나는 책을 읽지 않는 사람과는 말할 생각이 없다. 순수문학을 전혀 읽지 않으면 인간으로서 결여된다"라는 말을 들은 것이 독서의 시작이었죠. 구라타 씨는 〈프롬 에이〉라든지 〈에이비로드(AB-ROAD)〉, 〈쟈랑〉을 창간해, "케이코와 마나부(연습과 배움)"의 네이밍도 한 사람입니다. 일류 편집자로서 존경하고 있는 사람의 말에 저는 매우 충격을 받았습니다. 그러나 책을 읽지 않던 제게 그 의미의 전달은 어려웠죠. 도저히 알 수 없었으니까요. 매일 영업이나 접대로 바빠 책을 읽을 시간은 전혀 없었습니다. 그러나 구라타 씨의 말은 계속 마음에 걸렸습니다.

32세 때 메니에르병에 걸려 장시간 일할 수 없어졌을 때야 겨우 책을 읽을 시간이 생겼습니다. 독서를 시작한 것이죠. 마침 그때 리쿠르트의 서적출판사업을 리모델링하게 되었죠. 제 자신이 사업부장이 되어 '미디어 팩토리'를 창업했기에 책을 더욱 읽어야만 했습니다.

각계의 저명인사나 작가, 출판업계의 편집자와 대화하는 기회가 비약적으로 늘어났는데, 그때까지 베스트셀러 작품이나 아쿠타가와상, 나오키상 수상 작품조차 읽은 적이 없었죠. 그러니 저는 말을 맞출 수가 없었습니다. 화제작을 어느 정도 읽어두지 않으면 일을 할 수 없는 상황에 몰린 것입니다. 출판사 설립을 하게 된 이상, 이제 책은 제 몸의 한 부분이 되었죠. 거기서 곧장 '1년 동안에 100권, 책을 읽는다'라는 목표를 세웠습니다. 일주일에 2권 분량입니다.

출퇴근하는 시간에 만원 전철 안에서 꼼짝 못 하는 가운데서도 어쨌든 책을 펼쳐서 필사적으로 글자를 쫓아갔습니다. 회사에서 집으로 돌아갈 때 아무리 취했어도, 비틀거리며 전철 안의 손잡이를 잡은 채로도 책을 읽었습니다. 이동이나 대기 등의 빈 시간을 이용한 몇 분도 책을 읽어나가는 데 활용했습니다.

처음에는 익숙지 않아 힘이 들었지만 계속하다 보니 어느 순간 습관이 되더군요. 그렇게 제게 책은 하나의 부분이 되어갑니다.

지금은 독서가 습관화되어 가방 속에 항상 몇 권의 책을 넣어두고 다닙니다. 연간 150권 정도의 독서를 20년 이상 계속하고 있는 셈입니다. 이 축적이 저의 교양 기초가 된 것은 물론이고, 비즈니스에서 유형무형의 무기가 되어주었습니다. 독서를 전혀 하지 않았던 제가 이후 비즈니스 잡지에 서평 연재를 쓰기도 했으니, 어쩌면 인생이야말로 다음 편이 기대되는 멋진 책과 같습니다.

독서를 힘들어하는 사람도 습관을 들이면 됩니다. 우선은 일주일에 2권을 목표로 하시기 바랍니다.

| 후지하라식, 서점 활용법 |

직접 나가 서점을
정점 관측한다

독서를 시작하면 화제의 서적에 대해 항상 안테나를 펼쳐둠시다. 인터넷 온라인서점에서 베스트셀러의 순위를 체크하는 것도 좋지만, 표시되는 권수에 한계가 있고, 장르마다 분리되어 있어 출판업계의 전체적인 느낌을 보기가 어렵습니다. 그래서 제가 권해드리고 싶은 것은 오프라인 서점을 한 곳 정해서 그곳을 주기적으로 가는 것입니다.

저의 경우는 시내 서점에 가끔 들러 안을 일단 둘러봅니다. 같은 서점에 정기적으로 다니다 보면 어느 서가가 무슨 장르이고, 어떤 책이 있는지 자연스럽게 머릿속에 각인됩니다. 진열 변화를 금방 알아챌 수도 있습니다. 베스트셀러는 대체로 계산대 옆이나 앞쪽에 쌓여 있습니다. 그 타이틀과 내용으로 지금 많은 사람이 어떤 흥미와 관심을 가지고 있는지 알 수도 있죠. 최신 베스트셀러는 무엇인지, 어떤 책이 주목받고 있는지, 어떤 장르가 인기가 있는지 등.

즉, 서점을 직접 방문해 살펴본다는 것은 마케팅을 하는 것과 같습니다. 인터넷서점의 순위만으로는 알 수 없는 세상의 변화나 니즈를 파악할 수 있습니다.

도서관을
자신의 책장으로 만든다!

저는 서점에서 뭔가 관심이 가는 책은 망설임 없이 구입합니다. '왜 이런 책이 팔리고 있지?'라고 생각하는 순간조차 아깝기에 곧장 결정합니다. 한 번에 많은 책을 사면 쌓아두어야 하기에 더욱 필사적으로 읽게 됩니다.

책을 많이 읽게 되면 어떻게 보관할지, 어디까지 책을 처분할지가 큰 문제가 되는데, 저는 다 읽은 책이 30권 정도 모이면 근처의 공립도서관에 기증합니다. 베스트셀러 책도 많아 도서관 직원이 매우 좋아합니다. 왜냐하면 베스트셀러 책은 항상 100명 이상 책을 빌리려고 대기 상태에 있기 때문입니다. 필요 없는 책까지 포함해 도서관에서 재이용을 해준다면 저도 고맙죠. 만일 그 책을 다시 한번 읽고 싶어지면, 도서관에 가면 됩니다.

저는 도서관을 서재의 연장선상, 내 책장의 일부라고 생각합니다. 그렇게 하면 '아깝다'라는 생각이 들지 않으니까요. 방도 정리되고 도서관과 이웃들도 좋아해주니 일거양득입니다. 읽

고 정리가 어려운 책이 있다면 주위의 도서관을 활용해보는 것
은 어떨까요?

점심이나 미팅 장소를
정해둔다

　B영역에서 앞으로 독립해서 살아가고자 하는 사람은 조직에
있을 때부터 '자신이 에너지를 충전할 수 있는 장소'에 민감해
져야 합니다. 회사는 무작정, 무조건 자신을 지켜주지 않기 때
문에 스스로를 지키며 살아가야 합니다.

　자신에게 에너지를 주는 장소는 어디인가, 편안한 곳은 어디
인가. 그런 장소를 발견하고, 자기 편으로 만들어둡시다. 미팅
을 한다 하더라도 이 회의실은 뭔가 편안하다 하는 장소가 있
다면, 가능한 한 거기서 미팅을 합니다. 익숙한 곳이기에 에너
지 넘치는 발언이 나올 것입니다. 식사할 때도 '이 가게에서는
왠지 모르게 에너지를 받을 수 있다'라는 장소가 혹시 있나요?
그런 곳을 발견했다면 가능한 한 그 가게에서 먹도록 합니다.
고객과 비즈니스 상담을 할 때도, 사적으로 중요한 순간에도

자신의 에너지 레벨이 높아지는 가게를 골라봅시다.

저는 21세 때 미국의 유명한 편집자 마이클 코다(Michael Korda)가 쓴《Power! How To Get It, How To Use It》이라는 책을 읽고, 장소의 역학에 관심을 가지게 되었습니다. 이 책은 사무실에서의 파워의 방향성이나 영역, 위치 등에 대해 자세하게 해설해놓았습니다.

남성은 이런 장소의 역학을 전혀 의식하지 않는 사람이 많은데, 여성은 풍수를 신경 쓰는 사람이 많아, 방의 색상이나 가구 배치 등, 방향을 신경 씁니다. 저는 풍수지리와 같은 생각은 있을 수 있다고 생각합니다. 이론이나 과학으로는 설명할 수 없지만, 어쩐지 장소의 역학이 작용하는 느낌이 듭니다.

저는 현재, 완전히 독립해서 일하고 있는데, 사무실은 없기 때문에 미팅은 주로 외부에서 합니다. 직접 가게를 고를 수 있을 때는 시부야 엑셀호텔 도큐의 '에스타시온 카페'로 정합니다. 이 가게에 가면 왠지 안정된 느낌이 듭니다. 커피 한잔이 1,000엔 정도인데, 장소의 분위기와 얻는 에너지가 가격에 포함된다고 생각합니다.

1만 시간으로
기술을 체득했다

▶ **1만 시간으로 기술을 체득하라!**

1만 시간으로
상위 1%의 프로가 되다

B영역을 마스터하려면, 우선은 자신이 이 스킬이나 기술로 프로가 된다는 분야를 하나 정해둡니다. 그리고 그 분야에 1만 시간을 투자해서 연습합니다. 1만 시간을 들이면 어떤 사람이라도, 어떤 일이라도 반드시 프로의 수준에 도달할 수 있습니다. 이것은 말콤 글래드웰(Malcolm Gladwell)의 《아웃라이어, 성공의 기회를 발견한 사람들(Outliers, The story of success)》에 확실히 적혀 있습니다.

이 책에서는 전 세계의 성공한 사람이나 천재라 불리는 사람들에 대해 설명하고 있습니다. 이들은 뛰어난 소질이나 재능을 타고나기보다, 어떤 시대에 태어나 어떤 연습 환경에 있었는지, 어떤 사람과 함께 팀을 짜서 함께했는지를 설명합니다. 즉, '환경요인'이 필요조건이라는 것입니다. 그리고 '1만 시간 이상의 연습량'이 충분조건이라는 것을 여러 예로 설명하고 있습니다.

가령, 비틀스는 갑자기 스타가 된 듯이 생각하기 쉬운데, 사실 그들은 안 팔리는 시기에 독일 함부르크의 스트립극장과 같은 곳에서 하루에 8시간 이상, 1,200회의 라이브를 연주했습니다. 8시간×1,200회는 9,600시간입니다. 빌 게이츠도 PC 여명기에 사춘기를 보내며 프로그래밍의 매력에 빠져 1만 시간 이상 노력했기에 지금의 빌 게이츠가 된 것입니다.

즉, 음악가든 운동선수든 프로가 된 사람들은 모두 환경을 자기 편으로 만들어 1만 시간 연습한 사람들이라는 것입니다. 이 '1만 시간의 법칙'은 자신에게는 특별한 능력이 없다고 생각하는 많은 사람에게 용기를 줄 것입니다. 어쨌거나 누구라도 1만 시간을 들이면 프로 수준의 기술을 갖출 수 있다는 것을 증명해주고 있으니까요. 호불호도, 잘하고 못하는 것도 상관없습니다. 어쨌든 1만 시간을 하나의 일에 투자하면 되는 것입니다.

1만 시간 = 매일 8시간이라면 3년 반, 평일 5시간이라면 10년, 평일 3시간이라면 16년 반

1만 시간이라는 것은 하루 8시간, 회사에 있는 동안의 200일을 투자하면, 약 6년입니다. 즉 6년 동안 적어도 그 일에 대해서는 프로 수준이 될 수 있다는 것. 토요일, 일요일 포함해서 쉬지 않고 365일 연습을 하면 3년 반. 하루 5시간, 연간 200일을 투자해도 10년입니다.

어떤 일이라도 10년 동안 계속하면 프로 수준이 될 수 있다는 것이죠. 너무 힘들이지 않고 하루 3시간, 연간 200일이라도 16년 반입니다. 하루 1시간으로 연간 365일이라면 27년. 즉 전혀 한 적이 없는 스킬이나 기술이라도 매일 1시간을 약 30년간 계속하면 프로 수준에 도달할 수 있다는 것. 어떻게든 할 수 있을 것 같은 느낌이 들지 않습니까?

이 1만 시간이라는 숫자에는 확실히 근거가 있습니다. 왜냐면 세계 각국에서 의무교육 시간으로 할당하는 것이 약 1만 시간이기 때문입니다. 일본도 중학교 3학년까지 약 1만 시간 공부합니다. 즉, 일본인으로서 기초를 가르치는 데 1만 시간을 들이고 있는 것입니다.

저 자신의 경험을 돌아보더라도 22세에서 37세까지 15년간 '영업'과 '프레젠테이션'의 연습을 계속했습니다. '영업'만으로도 8년간, 영업사원에서 과장, 차장, 부장, 본부장(도쿄 영업통괄부장)까지 했으며, 30대 전반까지 1만 시간 이상의 연습을 한 셈이지요. 영업 일을 특히 희망했던 것은 아니었지만, 프로 수준이 되었다고 자부합니다.

현재 B영역을 지향하는 20대의 사람은 어쨌든 1만 시간을 프로가 되고 싶은 분야에 집중적으로 투하하도록 합시다. 그 기술은 결국 이후 회사에서 독립해 살아갈 수 있는 무기가 됩니다.

몇 살부터라도 시작할 수 있습니다. 1만 시간의 달성, 자 오늘부터 한번 시작해볼까요?

20대 때부터 베풀고, 30대에도 베풀다가, 40대에 돌려받는다

프로가 되어 독립할 때까지의 기간을 짧게 잡는 사람이 있지만 위험합니다. 어떤 경우든 제대로 된 실력을 갖추기 위해서는 1만 시간이 필요합니다. 20대에 한 분야의 프로, 30대에 또 다른 분야의 프로가 되어, 40대에 독립한다는 식의, 보다 긴 미래전략과 계획이 필요합니다. 이것이 정상입니다. 20대, 30대에는 조직에 머물며, '사내 개인 사업가'의 의식으로 앞으로 돈을 벌기 위한 기술을 갖추는 수업 기간이라 생각합니다.

젊었을 때는 직함이 없어도, 회사의 브랜드가 있습니다. 과장이나 주임으로 승진하면, 그 직함도 브랜드가 됩니다. 브랜드는 어떤 사람이라도 훌륭하게 보이게 하는 갑옷과 같습니다. 갑옷을 입고 있을 때 자신의 기술을 연마하도록 합시다. 연습을 많이 하는 것이 중요하기 때문에 기회가 있으면 시간과 몸을 투자하세요. 주위 사람들에게 자신의 기술을 자꾸 빌려주며 헌신하도록 합시다. 20대, 30대 중에 주변에 은혜를 베풀어 두면 40대가 되어 독립하려고 갑옷을 벗었을 때 주변 사람들이 도와줍니다.

제가 리쿠르트 시절에 주변 사람들에게 베풀었던 은혜는 '사람과 사람을 연결하는 것'이었습니다. 이것은 저 자신의 '영업' 기술의 일환으로 커뮤니케이션의 연습이 되었으며, 인맥의 네트워크를 형성하게 했습니다.

  예로 회식이나 모임을 열어 내가 소개자가 되어 지인 두 사람을 서로 소개시켜줍니다. 처음에는 저와 지인 두 사람의 트라이앵글로 이야기를 하다 먼저 중간에 빠집니다.
  "에? 집에 가시는 거예요? 너무 냉정하시네요. 긴장하게 되잖아요"라고 농담 반, 진담 반 말씀하시는 분도 계시지만 저는 곧장 집으로 가버립니다. 그러면 두 사람은 저를 통하지 않고 이야기할 수밖에 없게 됩니다. 그것으로 두 사람 사이에 직접적인 관계가 만들어져 친구가 되기도 하고, 새로운 비즈니스 기회가 생기기도 했습니다.

| 소개하는 사람끼리 연결시키는 방법 |

복수의 모임을 동시에
같은 장소에서 한다

  이 '사람과 사람을 이어주는 연습'을 자꾸 하다 보니 알게 된 것은 제가 소개한 사람들은 제가 그 자리에 있을 때는 아무래도 저를 의식한다는 점입니다. 소개자는 두 사람의 장점이나 니즈를 전해주고, 대화가 오가는 것까지만 프로듀스해주면 됩니다. 그다음은 재빨리 사라져주는 것입니다. 그렇게 하면 소개받은 두 사람은 불편 없이 커뮤니케이션할 수 있습니다. 만약 소개받은 두 사람이 실제 거래관계가 될 때도 저에 대한 의리나 내가 사전에 준 이미지에 상관없이 판단할 수 있습니다. 이렇게 소개하니 사람들이 감사해하더군요. 돌이켜 보니 저는 15년간 거의 매일 '사람과 사람을 이어주는' 일을 계속해왔던 것입니다.

A라는 식사 모임과 B라는 미팅이 있으면, 일부러 2개의 모임을 같은 가게의 다른 테이블에서 동시에 개최하곤 했습니다. 많을 때는 3개의 모임을 같은 가게에서 동시에 진행하며 제가 각 테이블을 돌아다닌 적도 있습니다. 그중 A와 B와 C의 테이블 사람들이 교류해서 A와 B, B와 C, A와 C의 관계가 생기기도 합니다. 이런 대단한 일을 할 수 있었던 것은 당시 리쿠르트의 직영 레스토랑이 회사의 빌딩 아래에 있었던 덕분입니다. 이 레스토랑을 저는 거의 매일 독점하며, '나홀로 살롱' 상태로 이용하고 있었습니다. 스스로 레스토랑을 매일 다 빌리고 있었더라면 대단한 지출이 되었겠죠.

이런 일 하나를 보더라도 회사에는 많은 자원이 축적되어 있습니다. 조직에 머물고 있을 동안에는 회사의 자원을 철저하게 활용해 프로가 되기 위한 수업을 하도록 합시다.

| 후지하라식, 시간 확보법 ① |

'SSK(접대, 평가, 회의)'를
줄인다

재빨리 프로가 되기 위해서는 '무엇을 할 것인가'와 함께 '무엇을 하지 않을 것인가'도 중요합니다. 상위 1%의 프로가 되기 위해서는 1만 시간을 짜내야 하므로 쓸데없는 일에 시간을 허비할 틈이 없습니다. 회사에서 높은 지위에 올라갈수록 자신이 하고 싶은 일은 할 수 없게 됩니다. 될 수 있으면 부하에게 일을 맡기고 인재 육성을 도모하는 것이 높은 관리직에 있는 사람이 할 일이기 때문입니다.

따라서 일을 잘하는 사람일수록 자신의 시간이 다음 3가지로 침식당합니다.

① 접대나 부하와의 동행 영업

② 부하의 평가나 인사 문제

③ 회의와 그 사전협상

이 모두가 쓸데없는 일이라는 생각은 안 하지만, 비생산적인 것이 많은 것도 사실입니다. 저는 일본어 '접대(接待)', '평가(査定)', '회의(会議)'의 영어 발음 앞 글자를 따서 'SSK'라고 부릅니다. 관리직은 회사에 있는 시간의 60~70%를 'SSK'에 뺏기고, 많을 경우 90%나 되는 사람도 있습니다. 'SSK'는 이른바 회사에 있는 '세금'과도 같습니다. 그런 시간을 투자해 '접대'의 프로가 되어도 소용없습니다. 부하를 관리해야 하기는 하지만 '평가'의 프로가 되어도 아무에게도 존경받지 못합니다.

'회의'의 프로가 되어도 '진행자(Facilitator)'가 되는 것이 아니라면 의미가 없습니다. 'SSK'를 적어도 30%로 줄이지 않으면 자신이 본래 해야 할 프로의 일을 할 수 없게 됩니다. '접대'를 포함해, 회사가 관련된 회식에 참여하는 것을 줄인다는 것. 도저히 거절할 수 없다면 1차만 가고, 2차를 거절한다거나, 모두 잘 놀고 있을 때 "먼저 가겠습니다" 하고 그만두는 기술을 갖추지 않으면 안 됩니다.

부하의 '평가'나 매니지먼트 시간은 도저히 줄일 수 없다 하더라도 '회의' 시간은 좀 더 단축합니다. 예를 들어, 사전에 참가하는 인원들에게 과제와 검토항목의 목차를 나눠주고 회의의 목표점을 선언해두기만 해도 훨씬 단축될 것입니다.

| 후지하라식, 시간 확보법 ② |
시간관념이 없는 사람과는
일하지 않는다

자신과 시간의 속도감이 다른 사람과 일을 하는 것만큼 피곤한 일도 없습니다. 자신이 시간 감각이 빠르고 상대방이 늦을 경우 상대방에게 자신의 시간을 뺏길 위험이 있기 때문에 함께 일하는 것을 피하는 것이 좋습니다. 일을 같이하는 동료는 자신과 시간 감각이 맞는 사람을 선택하도록 합시다.

그러면 어떻게 상대방의 시간 감각을 판단할 수 있을까요? 상대방의 시간 감각은 여러 장면에서 나타납니다. 예를 들어 메일의 답신 속도. 금방 돌아올지, 몇 시간 후일지, 다음 날인지, 며칠 후인지, 이것도 하나의 시간 감각입니다.

부하나 후배에게 보고서 작성을 부탁했을 때, 마감까지 완성해오는지, 이야기하자마자 금방 시작하는지, 마감이 다 되어서야 시작하는지, 아무렇지도 않게 마감이 지나서 이쪽이 재촉하면 겨우 제출하는지 등을 확인합니다. 비즈니스맨이 '납기'를 지키는 것은 기본이기 때문에 이것을 지킬 수 없는 사람은 안 됩니다. 상사에 대해서도 예를 들어 급한 보고서 확인을 부탁드렸는데, 그것이 언제까지나 책상 위에 방치된 사람은 요주의 인물입니다.

그 이외에도 회식 등에서 '밤 8시에 시부야에서'라는 모임을 가졌을 때 몇 시에 어떤 표정으로 나오는가에 따라서도 알 수 있습니다. 10분 전에 와 있는 사람, 시간에 딱 맞게 오는 사람, "몇 분 늦겠다"라고 연락한 후 지각하는 사람, 연락은 없었지만 달려오는 사람, 느긋하게 지각하는 사람 등. 태연하게 지각하는 사람은 일에서도 마감에 대한 감각이 느슨한 경우가 많습니다. "꼭 마감을 지켜야 한다"라는 윤리관이나 의지가 결여되어 있기 때문입니다. 그것이 없는 사람과는 되도록 일을 같이하지 말아야 합니다.

반대로 시간감각이 자신보다 빠른 사람과 함께하면, 일도 빨리 진행됩니다. 일의 밀도도 높아지고 성과의 양도 늘어납니다. 이렇게 해서 창출된 시간을 자신의 1만 시간 연습에 투자하는 것입니다.

골프를
일절 하지 않는다

'사회인에게 있어서 골프는 필수다. 직장의 인간관계나 거래처와의 비즈니스를 원활하게 추진하기 위해서 골프 사교는 꼭 필요하다.'

이렇게 생각해 골프스쿨에 배우러 다니거나 연습장에서 연습하는 월급쟁이도 많지 않을까요? 그러나 골프는 시간을 너무 많이 뺏깁니다. 연습에도 상당한 시간이 걸리고, 골프 코스를 멀리 시외로 돌게 되면 주말 아침 일찍부터 밤늦게까지 종일 시간을 뺏깁니다. B영역을 지향하는 사람일 경우, 어중간하게 골프를 칠 정도면 당장 그만두어야 하겠죠.

가령 사적으로 한다고 하더라도 직장 상사가 함께하게 되면 차로 마중 나가는 것은 결국 부하의 역할이 됩니다. 20대, 30대의 사원이 스스로 차를 운전해서 상사를 마중 가야 합니다. 골프가 끝나면 온천에 들어가 술자리로 연결되죠. 물론 운전하는 사람은 술을 마시지 않지만 그래도 돌아가는 길의 운전은 상당히 힘듭니다. 일찍 일어나는 것과 운동, 온천으로 졸음이 몰려옵니다. 완전히 목숨을 건 운전이 됩니다.

저도 리쿠르트 시절, 젊을 때는 접대 골프도 있었고, 동료들과 함께 골프를 자주 쳤습니다. 그러나 메니에르병에 걸린 것과 동료가 사고를 일으킨 것을 계기로 일체 그만두었습니다. 어느 날, 골프장에서 돌아갈 때 함께 갔었던 동료가 고속도로에서 졸음운전을 하다가 도로 옆 가드레일에 충돌했던 것입니다. 다행히 생명에는 지장이 없었고 가벼운 부상으로 끝났지만 운전하던 동료의 이마에서 피가 흐르는 것을 봤을 때, '골프는 목숨을 걸고 할 운동은 아니다'라고 생각했습니다. 시간과 목숨을 맞바꾸면서까지 할 필요성은 전혀 없다고 생각합니다.

골프를 거절하기 시작했을 당시에는 비즈니스맨으로서 뭔가를 잃는다는 공포감도 엄습했습니다. 하지만 실제로 그만두자 그다지 데미지가 없다는 것에 오히려 놀랐습니다. 상사나 동료들과 골프를 치러 가지 않는다고 해서 일의 정보가 들어오지 않거나 인간관계가 나빠지지는 않았습니다. 그때까지 스스로가 '비즈니스맨은 골프를 쳐야 한다'라는 생각을 갖고 있었던 것이 너무 어이가 없었습니다.

| 후지하라식, 술자리 대처법 |
병을 핑계로 어떤 술자리도
밤 10시가 되면 퇴장한다

"죄송합니다. 메니에르병이기 때문에, 저는 이만 실례하겠습니다!"
"죄송합니다. 메니에르병이기 때문에 2차는 안가겠습니다!"
"죄송합니다. 메니에르병이기 때문에 골프는 안타깝지만 그만뒀습니다!"

저는 메니에르병이라는 병을 핑계로 이런 대사를 반복하며 쓸데없는 시간에서 도망쳐다녔습니다. 그러다가 "저 사람은 병이니까 어쩔 수 없다"라는 면죄부를 받았습니다. "메니에르병이라서"라고 말하며 거절하면 상대방은 잘 모르지만 깊이 추궁하지 않고 "아하" 하고 이해해주게 되었습니다.

메니에르병은 어지럼증이나 구토증세가 있는데 정확히는 어떤 병인지 알 수 없습니다. 그런 점이 더 좋았다고 생각합니다. 참고로 메니에르병은 5년 만에 거의 완치되었으나 이 병을 핑계로 "먼저 실례합니다"라는 습관은 계속되고 있습니다. 덕분에 술자리가 무르익어갈 밤 9시나 10시에 신데렐라처럼 저는 사라질 수 있는 것입니다. 가령 제가 불러 모은 모임이라 하더라도 또는 상대방이 상장기업의 사장님이라 하더라도 약간 황당해하는 사람들을 그 자리에 두고 저는 상쾌하게 돌아갑니다.

만약 당신이 가벼운 지병이 있다면 그것을 거절하는 구실로 삼아, 자신의 시간을 만드는 것을 권해드립니다. 거절을 잘 못하는 사람은 그 정도 하지 않으면, 쓸데없는 일에 시간을 뺏기게 됩니다. 더구나 1만 시간을 끌어내기가 불가능해집니다. 그러나 병명에 따라서는 상대방에게 마이너스 이미지를 주게 될 가능성도 있으므로 그런 점에 관해서는 잘 생각해봐야 합니다. 너무 중병 같은 병명을 대면 상대가 놀라게 되겠죠. 그런 점에서 메니에르병은 약간 지적인 느낌까지 나면서 이용하기가 쉬웠던 것 같습니다.

결혼식에는 참석하지 않고,
장례식도 본인을 모르면 출석하지 않는다

관리직이 되면 젊은 부하를 데리고 있기에 결혼식에 초대받는 일도 늘어납니다. 직함이 올라갈수록 인지상정 때문에 초대받는 일도 늘어나지요. 초대받은 결혼식 모두에 참석하다 보면 골프와 마찬가지로 대부분의 토요일과 일요일을 허비하게 됩니다.

저는 어떤 시기부터 결혼식에는 참석하지 않겠다고 결정했습니다. 30대까지 50쌍 가까운 결혼식에 참석해, 15쌍 이상의 주례도 섰습니다. 자신의 결혼식에 초대한 사람들의 인원수만큼은 이미 충분히 답례했다는 생각이 있었던 것입니다. 신랑·신부의 어느 쪽과 친한 사이로 결혼식의 안내장이 도착했을 때는 개별적으로 두 사람을 자택에 불러 와인 등을 대접하면서 천천히 이야기를 듣고 축복해주는 스타일로 바꾸었습니다.

장례식도 돌아가신 분과 정말 친했을 경우와 돌아가신 부모님의 얼굴을 잘 알고 있을 경우 이외에는 참석하지 않기로 했습니다. 만난 적도 없는 내가 참석하지 않았다고 해서 의리가 없는 것은 아니라고 생각하기 때문입니다. 자신과 자신의 부모 장례식을 상상해봐도 얼굴도 모르는 사람은 안 왔으면 좋겠고, 형식상의 조전이나 조의금은 필요 없습니다.

그 결혼피로연에 진짜 참석할 필요가 있는지, 그 장례식에 가지 않는다는 것은 정말 몰인정한 사람이 되는지 잘 생각해봅니다. 잘 생각하지 않고 참석하다 보면 시간이 아무리 많아도 부족하게 됩니다. 자기 나름대로 기준을 정해서 거절할 것, 그렇게 하지 않으면 바쁜 비즈니스맨이 자신의 시간을 확보하기가 매우 어려울 것입니다.

| 후지하라식, 효율적인 TV 시청법 |
TV는 뉴스와
다큐멘터리만 본다

시간을 허비하기 쉬운 것 중에 TV가 있습니다. TV 프로그램은 자칫 시간을 잊어버리고 시청하게 되기 때문에 B영역을 지향하는 사람은 아예 TV를 통째로 버려도 될 정도라고 생각합니다. 빨리 프로가 되기 위해서는 어떤 시간을 살리고, 어떤 시간을 버릴 것인가를 끊임없이 선택해야 합니다. 무의식적으로 보고 있는 TV 시청 시간은 완전하다 못해 완벽한 낭비입니다.

정보수집이라는 관점에서도 TV는 절대 좋지 않습니다. TV에서의 정보에는 그것을 전하는 사람의 여러 가지 선입견이나 편견의 바이어스가 걸려 있습니다. 너무 많이 보면 앵커나 평론가가 하던 말을 그대로 받아들여 자신의 의견처럼 말해버릴 위험성이 있습니다.

저는 기본적으로 뉴스와 다큐멘터리를 골라 봅니다. 그것은 객관적 사실을 취급하고 있기 때문이지만, 그래도 제작자 측의 사고방식이 내포되어 편집되고 있다는 점을 잊어서는 안 됩니다.

이렇게 말하는 저도 본래는 TV를 매일 보는 아이였습니다. 1955년생, 당시 왕세자였던 일왕 부부가 결혼한 것이 1959년. 그것을 계기로 TV가 일본에서 많이 보급되기 시작했으므로 TV와 함께 인생을 걸어왔다고 해도 과언이 아닙니다. 더구나 저는 외동아들이어서 식사 시간에도 쭉 TV를 켜놓았습니다. 그런데 아내의 친정에서는 식사 때는 TV를 끄고, 그날에 있었던 일들을 가족 모두가 이야기하면서 식사를 했습니다. 우리 집에 장남이 태어나고 말을 하기 시작하자 아내는 친정에서 했던 것처럼 식사 중에는 TV를 꺼놓을 것을 제안했습니다. 그 후 프랑스에서 1년간 생활을 하게 되었을 때, 그쪽 사람들의 문화를 알게 되었습니다.

'거실에 TV가 있는 것은 대화를 즐길 교양이 없는 사람이 하는 일'이라고 생각하는 프랑스 생활을 마치고 일본으로 돌아 왔을 때, 저는 거실의 TV를 없앴습니다. 덕분에 가족의 대화가 늘어났습니다.

'B영역의 사람에게 TV를 볼 시간을 어떻게 매니지먼트할 것인가?'는 중요한 문제입니다.

| 후지하라식, 아날로그 수첩술 |
스케줄 관리와 다이어리는
모두 수첩 1권으로 관리한다

자신의 시간을 확보하는 도구로서 수첩을 빼놓을 수 없습니다. 최근에는 수첩도 여러 가지 타입이 등장하고, PC나 스마트폰에서도 시간 관리를 할 수 있기 때문에 어느 수첩이 가장 좋은지 시행착오를 겪고 있는 사람도 많을 것입니다.

참고로 저의 지극히 아날로그적인 수첩술을 소개하겠습니다. 저는 10년 이상 '능률 다이어리, B5 월간 블록' 타입의 검은 수첩을 사용하고 있으며, 이 1권으로 스케줄관리와 다이어리를 집약시키고 있습니다.

왼쪽에 일주일의 스케줄표, 오른쪽에 노트, 뒤쪽에 대량의 노트가 있는 타입입니다. 왼쪽 스케줄표에 강연 예정을 써넣고, 오른쪽 노트에는 강연 내용을 정리하는 식입니다. 누군가와 식사할 예정을 스케줄표에 적으면, 가게 이름과 전화번호도 메모해둡니다. 종료 후 영수증을 받으면 그것도 노트에 붙여둡니다. 읽은 책 제목은 노트에 메모하고 원고나 강연 자료가 될 만한 자료도 마찬가지로 노트 쪽에 붙여놓습니다. 나아가 3M의 포스트잇(25×75mm 타입)을 이용해서 내년에도 필요한 사항을 적어 매년 수첩에 다시 붙여놓습니다.

모든 것을 1권으로 집약시키면 더블부킹 걱정이 없습니다. 메모한 장소를 잊어도 수첩 어딘가에 적은 것은 확실하기에 꼭 발견할 수 있습니다. 개인정보가 많이 쓰여 있지만, 악필이기 때문에 저만 읽을 수 있습니다(웃음). 암호를 넣을 필요도 없고 보안 면에서도 그 나름대로 우수합니다.

노트의 마지막 페이지에는 포켓이 달려 있어 거기에 사진을 몇 장 넣어두었습니다. 자신이 프로듀스하고 있는 시계나 코포라티브 하우스의 방, 우리 집 애견, 사다 마사시 씨와 함께 찍은 사진. 이 사진을 꺼내서 "자, 어느 쪽이 사다 마사시 씨일까요?"라고 물어보면 웃음을 유발할 수 있습니다. 자신과 닮은 사람의 사진을 수첩에 넣어 저를 한번 흉내 내보세요. 상대와 즐거운 커뮤니케이션이 이루어질 것입니다. (웃음)

1년이 끝나면 수첩은 보관해둡니다. 이제 십수 년 치의 수첩이 모였습니다. 그러나 지금까지 다시 본 적은 없습니다. 언젠가 아이들이 "우리 아버지는 도대체 무슨 생각을 하고 어떤 사람과 만나고 있었나?"라는 생각을 했을 때 읽어볼지는 모르겠으나, 과연 저의 글씨를 읽을 수 있을까요? 이런 기능을 PC나 스마트폰으로 실현하는 것은 불가능하기 때문에 저는 앞으로도 이 아날로그 수첩술을 계속해갈 생각입니다.

지명도가
있다

▶ 지명도를 높이기 위한 소품에 신경을 써라!

| 지명도를 높이기 위한 명함 활용법 |

심플 이즈 베스트(simple is best, 단순함이 최고)이므로

많은 정보를 넣지 마라

B영역을 지향해 언젠가 독립해서 프로가 될 생각인가요? 그렇다면 회사에 있을 동안, 사외에서 자신의 지명도를 높여두지 않으면 회사를 그만둬도 일을 받을 수 없습니다.

지명도를 높이기 위한 방법으로는 우선 명함에 신경을 써야 합니다. '사내 개인 사업가'는 조직에 있으면서 프로로서의 얼굴을 가진다는 것입니다. 그런 '프로 지향'의 사람들이 늘기 시작한 탓인지 최근에는 회사의 명함 외에 또 1장, 사적인 명함을 만들어서 2장을 건네는 사람도 늘고 있습니다.

그러나 매우 죄송한 말씀이지만, 저는 한 사람에게서 2장을 받아도 그대로 두지 않습니다. 명함이 4절이나 8절로 되어 있어 거기에 자신의 결의표명을 써넣은 사람도 있지만, 그런 것을 받아도 '왜 일부러 열어서 당신의 결의를 읽어야 하는가?'라는 생각을 하게 됩니다. 사적인 명함을 만들 때, 또는 독립해서 명함을 만들 때, 여러 가지 쓸데없는 말을 써넣는 것은 그만둡시다. 심플 이즈 베스트입니다.

제가 40세에 리크루트를 퇴직하고 42세부터 사용한 것은 다음 사진과 같은 명함이었습니다.

리쿠르트 퇴사 후, 작성한 명함

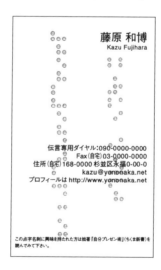

명함의 오른쪽 위에 가로쓰기로 이름. 한가운데에 연락처와 메일주소. 그리고 저의 홈페이지 '요노나카net'의 URL을 기재했습니다. 얼핏 심플하지만, 사실은 약간 포인트가 있습니다.

명함 전체에 점자를 넣어두었습니다. 이것은 지인이 경영하고 있는 인쇄회사에 의뢰한 것입니다. 흔히 있는 점자는 작은 글씨가 날라가 버리는데, 이 점자는 수지를 붙여넣는 특수한 기술이기 때문에 종이뿐만 아니라 철이든 어디든 붙여넣을 수 있습니다. 이 인쇄회사를 응원하고 싶기도 해서 명함을 점자로 넣어 아래에 인쇄회사의 연락처도 표시해두었습니다.

이 점자가 있는 명함을 사람들에게 건네주면 대화의 계기도 됩니다. "이게 뭐죠?"라는 질문을 받으면 인쇄회사에 대한 설명을 합니다. 몇 명 정도는 실제로 이 인쇄회사에 전화해서 점자가 있는 명함을 발주했습니다. 인기 작가 중에 나카타니 아키히로(中谷 彰宏) 씨도 그중 한 명입니다.

또 이 명함을 건네주면 어쩐지 신뢰할 만한 인상을 줄 수 있다는 이점도 있습니다. 즉, 명함 1장으로 남에게 도움이 되고, 자신의 프레젠테이션도 할 수 있는 것입니다. 명함을 만든다면 자신의 정보만을 넣는 것은 오히려 역효과가 되기 쉽습니다. 자연스럽게 잡담할 계기가 생기고, 그것이 자신의 사람 됨됨이를 표현할 수 있도록 아이디어를 내봅시다.

| 지명도를 높이기 위한 가방 활용법 |

대화의 계기가 되는
소품을 많이 넣어둔다

명함뿐만 아니라 제 가방 안에는 자신을 프레젠테이션해서 친근감을 주기 위한 여러 가지 소품이 준비되어 있습니다. 상대방과 아무렇지도 않은 대화로 이어지기 위한 계기를 여러 가지로 준비해둔 것입니다.

예를 들어, 와다 중학교에서 학생들에게 한자를 가르치기 위해 사용하던 교재나 아들이 어렸을 때, 2월 3일(입춘 전날)에 그렸던 그림입니다. '쫓아내자. 강한 사람만 양보하는 도깨비'라고 적혀 있습니다. '굉장히 정의감이 있는 아이구나'라고 감탄했습니다.

약간 팔불출 같기는 하지만 이런 사적인 일면을 보이는 것도 상대방과의 거리를 좁히는 데 효과적입니다. 특히 상대가 자식이 있는 사람이라면 서로 아이 이야기로 말이 잘 통합니다.

제가 다니고 있는 마사지 가게의 회원 카드도 있습니다. 통상 60분에 6,000엔 정도가 보통인데, 여기는 3,000엔입니다. 어깨 결림이 심한 사람이 있다면 재빨리 꺼내서 알려줍니다. 어깨 결림이나 요통을 앓고 있는 사람은 많기 때문에 "어떻게 해소하고 있는가" 하는 화제로 대화가 잘됩니다.

아키타시의 교육장님에게서 받은 하이테크 팽이도 있습니다. (건전지만 있으면) 영원히 돌아가는 팽이입니다. "왜 이런 걸 가지고 다니세요?"라는 말을 들으면 '잘됐다!' 하면서 교육 이야기를 시작합니다. 이런 대화의 계기가 될 만한 것을 여러 가지 가방 안에 넣어두는 것입니다.

참고로 제가 애용하고 있는 가방은 홋카이도의 마구업체, '소메스새들'이 전개하고 있는 브랜드 '파사쥬'로, '소메스새들'은 일본 중앙 경마회의 마구를 모두 도맡아 만드는 일본 굴지의 업체입니다.
프랑스의 어린양의 피혁을 다루는 업체는 에르메스와 소메스새들에만 도매를 하고 있습니다. 소메스새들에게는 그만큼 고도의 기술이 있어, '일본의 에르메스'라 불리고 있습니다.

패션에 자신이 없는 사람은 일단은 가방이든 셔츠든 뭔가 하나에 신경을 쓰는 일점호화주의로 갑시다. 그런 애착도 대화의 계기로 만드는 것입니다

| 지명도를 높이기 위한 홈페이지 활용법 |
연 수백만 원이 들어도
투자 대비 효과가 충분하다

장차 프로가 되어서 독립할 것을 생각하는 것이라면, 독립한 직후, 또는 독립하기 전부터 자신의 홈페이지나 페이스북을 개설해둡시다. 회사를 그만두면 자신에게 흥미를 가진 사람들이 접속할 수 있는 장소가 필요합니다. 그것을 인터넷상에 만드는 것입니다.

저는 리쿠르트를 그만두고 독립했을 때, '요노나카net'의 홈페이지를 만들었습니다. 꾸준히 콘텐츠를 꾸리고 지금도 개선해나가고 있습니다. 와다 중학교의 교장을 그만둔 후부터는 명함도 갖지 않게 되었기 때문에 홈페이지가 명함 대신이기도 합니다. 거기에서 연락을 받습니다. 페이스북에서의 소식지와 같

은 상품 개발 정보나 트위터에서의 미니방송국 같은 트윗도 발신하기 시작했습니다.

홈페이지를 만드는 기술은 안타깝게도 저에게 없기 때문에 프로의 웹디자이너에게 의뢰하고 있습니다. 관리비는 한 달에 2만 엔 정도로 15년간에 500만 엔 정도 투자한 셈입니다. 그러나 그만큼의 리턴은 충분히 있었다고 생각합니다.

만약 번화가에 사무실을 갖고 거기에 안내를 맡을 여성을 고용한다면, 사무실 비용만 해도 300만 엔, 인건비 300만 엔, 최소한 연간 600만 엔은 들겠죠. 15년간 투자를 했다고 한다면 9,000만 엔이 됩니다. 그런데 홈페이지라면 15년 동안 500만 엔. 비교가 되지 않을 정도로 저렴합니다.

그렇다면 일부러 만든 홈페이지에 무엇을 쓰면 될까요? 저의 근황을 비롯해 지금 하는 프로젝트의 내용, 서적 소개, 강연 스케줄이나 매체 출연 예정 등을 게재하고 있습니다. 조금 오래된 스타일이지만 게시판도 있어 단골손님들과 논의를 할 때도 있습니다. 힐링 페이지로서 자택에서 기르고 있는 가와카미견(川上犬)인 '해피'의 페이지도 있는데, 이것도 상당히 인기가 많습니다. 가와가미견은 드문 종으로, 귀중한 출산 장면도 있습니다. 이런 홈페이지가 있다면 특별히 명함은 필요 없습니다.

얼굴 사진은
프로에게 맡겨 촬영한다

프로로서 자신의 홈페이지 등에 얼굴 사진을 올린다면, 역시 자신의 가장 좋은 표정을 프로 카메라맨에게 찍어달라고 하는 것이 좋습니다. 사실 저도 독립했을 때는 별로 얼굴 사진에 신경을 쓰지 않았으나 점차 그 중요성을 알게 되었습니다.

저를 만난 적이 없는 사람에게 사진은 제 첫인상이 됩니다. 사진을 보고 "좋은 사람일 것 같다", "이 사람에게서 뭔가 얻을 수 있을 것 같다"라고 판단해 책을 사주거나 강연을 들으러 오게 되는 것입니다. 이른바 맞선 사진이나 취업을 위해 이력서에 붙이는 사진과 같은 것입니다.

5~10만 엔 정도면 프로의 카메라맨이 촬영해주기 때문에 거

기에 제대로 투자합시다. 프로에게 맡기면 조명이나 구도, 표정을 잡는 방법이 완전히 다릅니다. 지금까지 홈페이지 외에도 취재나 책 띠지에 사용하는 얼굴 사진을 수많은 카메라맨이 찍어주었는데, 진짜 솜씨 좋은 사람이 찍으면 자신이 본 적이 없는 좋은 분위기의 사진으로 완성됩니다. "내 역사상 최고의 표정이다"라며 놀랄 때도 있습니다.

이왕이면 최고의 자신을 많은 사람에게 보여주고 보다 많은 사람과 교류하는 기회를 늘리도록 합시다.

| 지명도를 높이는 출판 활용법 |
자신의 책을 내는 이점은
이렇게 많다

저서를 출판하는 것은 명함이나 홈페이지를 만드는 것보다 난이도가 높지만, 훨씬 중요합니다. 독립할 때 자신의 저서가 있는지 없는지는 매우 큰 비중을 차지합니다. 프로로서 세상에 나갈 것이라면 자신이 그때까지 축적해온 전문성을 정리해서 1권의 책이 될 정도가 안 되면 이상합니다. 그렇다면 어떻게 하면 책을 낼 수가 있을까요?

　대형 출판사는 완전히 무명의 신인을 돈을 들여서 판매하는 일은 우선 하지 않습니다. 대기업에서 눈에 띄는 실적을 올린 비즈니스맨이 스스로 어필해도 기획이 순조롭게 통과할 정도로 쉽지는 않죠. 처음에는 자비출판이라는 방법이 확실합니다. 그러나 자비출판이라도 남이 읽을 만한 것을 만드는 것이 중요하며, 자신의 무용담이나 자랑만 늘어놓아서는 안 됩니다. 한때 자비출판이 붐이 된 적이 있는데, 정년퇴직한 남성이 '자기 역사'라 칭하며 자랑거리를 써서 그것을 지인들에게 보내기도 했습니다. 그런 책은 받은 사람도 읽기 싫고 괴로워집니다.

　책의 편집도 프로에게 맡기는 것이 현명합니다. 출판 불황기이기 때문에 젊은 프리 편집자 중에서는 일이 많지 않은 사람도 많습니다. 그런 프로를 찾아서 편집을 의뢰하고 정리를 부탁하는 것입니다.
　저의 데뷔작은 42세 때에 출판한《처생술(신쵸사)》이지만, 그 근본이 된 것은 그보다 5년 전에 자비출판한《라이프 디자인 혁명》이라는 간이 인쇄 책자입니다.

32세부터 1년에 100권 이상 독서를 하게 되어 5년 정도 지났을 때부터 자기 나름대로 말이 넘쳐나게 되었습니다. 그래서 하나의 테마에 대해 1,000자로 생각해 수필로 정리했습니다. 1992년 여름경부터 주 2편의 속도로 쓰다 보니 100편 가까이 만들어져 그것을 70편으로 줄여 영국으로 유학 가기 직전 '라이프 디자인 혁명'이라는 제목으로 인쇄했습니다. 100권을 자비출판해서 친구들에게 나누어주고 피드백을 받기로 했는데, 그 책자에 다음과 같은 안내서를 붙였습니다.

3가지 부탁

1. 이 책은 사탕수수로 제작되었습니다. 언젠가는 썩어서 흙으로 돌아갑니다. '먹어버리고 싶다'라고 생각하시는 분은 맛있게 요리해서 드시기를 바랍니다.

2. 이 책은 읽은 분이 본문의 위나 아래에 자신의 의견이나 일러스트를 덧붙여 증식해가는 책입니다. 표지와 뒤표지 뒤에 이름을 쓰시기를 바랍니다.

3. 이 책은 순환되는 책입니다. 소유를 싫어합니다. 다음과 같은 사람에게 전해주실 때 "후지하라가 귀국하면 돌려달라"고 한 말씀 전해주시기를 바랍니다.

- 점주 -

저는 책자를 읽고 다음 사람으로 넘기며 책을 표류시키고 싶었습니다. 2년 반 후, 1996년 3월 귀국을 했을 때 100권 중 1권이 진짜로 표류해서 되돌아왔습니다. 그 책을 읽어준 20명 정도의 사람들의 감상이 여백에 빽빽이 쓰여 있었습니다. 새로이 영국 유학과 프랑스 생활에서 느낀 것을 원고로 가필해 표류해서 돌아온 《라이프 디자인 혁명》과 함께 신쵸사로 가지고 갔습니다. 편집자가 우연히 같은 세대여서 비슷한 느낌을 받았는지 매우 마음에 들어 해서 제목을 '처생술'로 바꾸어 1997년 12월에 출판했습니다.

자신이 쓴 것을 표류시켜 많은 사람에게 감상을 쓰게 했기 때문에 혼자서 골몰히 생각하는 내용을 덜어내고 객관적인 시점을 도입할 수 있었습니다. 그런 전술이 편집자를 움직인 것입니다. 이 책이 몇만 부의 판매고를 기록하면서 취재 의뢰나 강연 의뢰가 들어오게 되었습니다.

프로로서의 자신을 세상에 프레젠테이션하기 위해 1권의 저서는 효과가 절대적입니다. 지금은 인터넷이 있기 때문에 자신이 쓴 것이나 촬영한 영상을 많은 사람들 눈에 볼 수 있게 할 수 있으며, 댓글을 받기가 쉬워졌습니다. 우선은 자신이 지

금까지의 인생에서 축적한 전문성을 정리하는 부분부터 시작
해보십시오.

| 지명도를 높이기 위한 미디어 활용법 |
잡지 연재, 신문, 라디오, TV를
잘 활용한다

책을 출간 후 그 내용의 희소성이 높으면 높을수록 미디어
쪽에서 발견해줍니다. 지금은 트위터나 페이스북이 있기 때문
에 희소성이 높은 사람의 정보는 한꺼번에 빠르게 확산됩니다.
그렇게 하면 스스로 어필을 하지 않아도 미디어 측에서 찾아
오게 됩니다.

잡지나 신문의 취재를 받으면 책을 낸 이상으로 지명도는 올
라갑니다. 편집자의 눈에 띄어, '이 사람에게 수필이나 평론을
쓰게 하면 재미있을 것 같다'라고 생각하게 되면 "연재를 부탁
드립니다"라는 말을 듣게 됩니다. 나아가 라디오나 TV에도 출
연하게 되면 그 파급효과는 매우 커집니다. 방송의 영향력은
실로 막강합니다. 그렇게 되면 유명인사가 됩니다.

저는 2001년부터 〈닛케이비즈니스〉에서 서평 연재를 의뢰 받았습니다. '성숙사회를 살아남기 위한 책을 비즈니스맨에게 소개한다'라는 주제입니다. 리쿠르트의 사원이었던 제가 유럽 의 '성숙사회'를 재빨리 보고 온 그 체험과 지식이 드문 일이 었기 때문이었겠죠. 이 연재는 2009년까지 9년 동안 계속되었 습니다.

2003년에 '민간기업 출신의 공립중학교 교장'이 되어, 도쿄 도에서는 의무교육 최초의 민간 교장이었기 때문에 더 희소성 이 높아져 여러 매체로부터 취재를 받게 됩니다. 현재는 마이 니치신문이 발행하는 〈마이니치 초등학생신문〉에 '요노나카과 (세상살이 과목)'의 연재 기사를 쓰고 있습니다.

나아가 아사히신문의 기획으로 'AKB48'의 대항마인 '노기자 카 46' 멤버들에게 제가 '요노나카과'를 가르치는 기사를 매달 게재되게 되었습니다. 신켄제미(베넷세)의 교재 '챌린지 타블 렛'용 '요노나카과' 라이브수업도 담당하고 있습니다.

2013년 1월에는 NHK의 2010년에 방송된 〈하버드백열교실 (ハーバード白熱教室)〉로 잘 알려진 마이클 샌델(Michael Sandel) 교수와 '이상적인 학교'나 '이지메 문제(왕따)'에 대해 토론하는 프로그램에 출연하고, 2월에는 〈아침까지 생방송!〉에서 '교육'이 주제였던 회에도 출연했습니다.

한번 희소성이 높은 사람으로 유명해지면 '이 주제일 때는 그 사람에게 부탁하자'라고 매체에 있는 사람들이 생각해주기 때문에 잇따라 초청을 받게 됩니다.

| 지명도를 높이기 위한 강연 활용법 |
강연료 3만 엔인 사람, 10~20만 엔인 사람, 50만 엔인 사람, 100만 엔인 사람

지명도가 높아지면 강연이나 세미나에서 의뢰를 받게 됩니다. 저는 최근 7년 동안에 약 800회의 강연을 하고 있기 때문에 강연 사정에 밝습니다. 한마디로, 강연이라 해도 역시 희소성에 따라 서열이 있습니다. 간단하게 말하면, '강연료 3만 엔'인 사람, '10~20만 엔'인 사람, '50만 엔'인 사람, '100만 엔'인 사람이 있다는 것입니다.

월급쟁이가 생각할 때는 '1~2시간 말만 하는데 100만 엔?' 이라고 생각할지 모르겠으나 뛰는 놈 위에 나는 놈이 있습니다. 미국의 대통령 경험자라면 아마도 1시간에 1,500만 엔 정도일 것입니다. 그것은 그들이 '초'가 붙는 희소가치가 높은 사람들이기 때문입니다.

강연의 서열을 높이기 위해서는 우선 '강연료 3만 엔'이든 뭐든 일단 받아들여서 청중에게 가치가 있는 말을 제공하고 만족하게 해야 합니다. 강연자로서의 당연한 의무이기도 합니다. 청중이 재미없다고 생각하면 다시 오지 않게 되고 주최자에게서도 초청받지 못하게 됩니다.

저는 800번 정도 강연을 해왔는데 한 번도 대충한 적이 없습니다. 가치를 제대로 내고 있는지에 관해 확인하기 위해 강연 마지막에 이런 일을 하고 있습니다.

가령 기업연수의 강연료가 50만 엔이고, 100명의 월급쟁이가 모였다고 칩시다. 그 100명에 대해 "오늘 제 이야기는 자신의 포켓머니에서 5,000엔을 내도 본전을 뽑았다고 생각하시는 분들만 손뼉을 쳐주십시오"라고 말합니다. 만약 모두가 손뼉

을 쳐주면 5,000엔×100명=50만 엔으로 강연료만큼의 부가가
치는 제공한 것이 됩니다.

아무리 강연에 익숙해져도 매번 가치를 창출할 수 있었는지
에 집착해야 합니다. 그것이 강연계에서 자신의 서열을 올려
재강연율을 늘려가는 비결입니다.

| 지명도를 높이기 위한 출장 활용법 |
티켓은 주최 측에게 부탁하고,
당일치기가 기본

저는 연간 100~150회의 강연을 하고 있는데, 비서를 고용하
지 않고, 자신의 PC만 가지고 사무 처리를 합니다. 3일에 한 번
꼴이기에 방대한 양이라서 시간이 많이 듭니다. 그런데 어떻게
혼자 하는지 궁금하시죠? 그것은 바로 이동 준비를 일절 하지
않기 때문입니다. 스스로 교통티켓을 준비하다 보면 역시 비
서가 있어야 합니다. 저는 모든 강연의 주최자에게 교통수단
을 준비해달라고 부탁하고, 자택으로 보내달라고 합니다. 이른
바 상대방의 비서를 이용하고 있는 것입니다. 주최 측으로부터

티켓을 받으면, 예를 들어 악천후로 비행기가 뜨지 않거나 신칸센이 늦어도 책임을 지지 않아도 된다는 이점도 생깁니다.

이것은 매우 큰 포인트입니다. 스스로 티켓을 예약하다 보면 악천후 탓인데도 "왜 일기예보를 보고 더 빨리 현지에 들어와 주지 않았는가"라는 책망을 들을 수도 있습니다. 그러나 저는 하루 전에 현지에 가는 것이 싫어서 오키나와든 홋카이도든 당일치기합니다. 하루 전에 가서 어떤 지점에서 어떤 지점까지 환승하는 스케줄을 잡게 되어 어딘가의 예정이 무너지면, 모든 스케줄에 영향이 생기기 때문입니다. 그래서 강연마다 반드시 구분을 지어서 일단 도쿄로 돌아가도록 하는 것입니다. 오사카에 강연하러 가서 일단 도쿄로 돌아오고, 다음 날 히로시마에 강연을 하러 가서 또 도쿄로 돌아와, 그다음 날은 후쿠오카에 강연하러 가서 도쿄로 돌아가는 일도 있습니다.

이런 이야기를 하면 "이동시간이 아깝다"라고 말하는 사람이 있는데, 저는 이동시간이나 대기시간을 모두 독서에 충당하고 있기에 전혀 낭비라고 생각하지 않습니다. 오히려 책을 많이 읽을 수 있어서 더 좋습니다.

도저히 당일치기가 불가할 경우에는 '출장은 2박까지'라고 정해두었습니다. 가급적이면 간편하게 움직이고 싶기 때문입니다. 숙박 일수가 길어지면 짐이 많아집니다. 비행기에 짐가방을 맡기면 수하물을 받는 데 시간이 걸리고, 심할 때는 못 찾을 때도 있습니다.

2박까지라면 기내에 가져갈 수 있는 수하물 정도의 크기의 가방에 와이셔츠 2장, 셔츠, 속옷, 양말의 여벌을 넣을 뿐입니다. 재킷, 바지, 코트는 2박까지라면 같은 옷으로 견딥니다. 이렇게 될 수 있는 대로 자신의 수고를 줄이고, 간편하게 해두는 것이 중요합니다.

독립하면 자유시간이 늘어나는 것 같지만, 서포터해주는 사람이 없으면 수고가 늘어나는 일이 많습니다. 혼자서 뭐든지 다 하려고 하면 작업이 방대해집니다. 그렇기 때문에 모든 것을 미니멀화할 필요가 있습니다. 비서를 고용하지 않고, 상대방의 비서를 이용하고, 사무실을 두지 않고 겉멋을 위한 돈은 쓰지 않습니다.

거품경제 때는 아오야마(청담동 같은 곳)에 사무실을 갖고 포

르쉐나 BMW를 타는 사람이 많이 있었지만, 그것을 지금 해봐야 아무도 존경하지 않을 것입니다. 제대로 된 사람에게 존경받고 싶다면 쓸데없는 허세는 버리고 프로로서의 자신의 브랜드만으로 승부해야 합니다. 세상은 지혜로 살아가는 것이니까요.

항상 신변을 깨끗하게,
남자라면 돈과 여자에 조심하라

만약 모두가 아는 유명인사가 되려고 한다면, 신변이 깨끗해야 합니다. 특히 돈과 여자(여성의 경우는 남자)를 조심하세요. 일본의 매스컴은 유명인을 마구 끌어올리다가 '슬슬 대중이 지겨워졌다'라고 생각되면, 추락시켜 철저하게 비난하곤 합니다. 특히 돈과 여자 스캔들은 당사자가 일어서지 못할 정도로 철저하게 짓밟습니다. 역대 정치인들은 거의 돈과 여자 때문에 망했습니다. 유명해지기 전부터 걱정하는 것도 팔자지만 유명해진 후부터 과거의 스캔들이 폭로되는 일은 자주 있는 일입니다.

프로로서 유명해지고 싶다면 언젠가 자신의 생애를 그린 평전을 민완 저널리스트가 철저하게 취재해서 써도 될 만큼 지금부터 조심합시다. 오늘 깨끗하게 살면 미래에 밝혀질 과거가 없다는 것, 잊지 마세요!

자유, 외로움을 견딜 수 있다

▶ 자유, 외로움을 견딜 수 있는 사람이 되어라!

정기권을 사지 않는
외로움을 견딜 수 있는가?

B영역을 지향하는 사람이 드디어 프로로서 독립하는 날이 왔습니다. 1만 시간을 들여 스킬을 연마했습니다. 돈을 벌 자신도 있습니다. 이것으로 '사내 개인 사업가'가 아니라 드디어 개인 사업가가 되었습니다. 월급쟁이 생활을 청산할 수 있습니다. 그러나 회사에 다니고 있을 때는 보이지 않았던 어두운 함정이, 당신을 기다리고 있습니다.

매일 출퇴근할 때는 회사를 그만두면 얼마나 시원할까 생각하기도 합니다. '만원 전철을 타지 않아도 되는 것은 얼마큼 자유로운 기분일까?' 상상하기도 하죠. 하지만 대책 없는 자유로움은 자칫 망연자실이나 고독감에 사로잡힐 수 있다는 사실을 알아야 합니다. 자유로 생기는 고독을 B영역을 지향하는 사람들은 알아야 합니다. 고독에 약한 사람은 B영역에서 끝까지 올라가기 어렵기 때문입니다.

와타나베 준이치 씨의《외로운 배(孤舟, 고슈)》는 정년퇴직한 남성의 비애를 그리고 있습니다. 아침에 눈을 떠도 밤까지 할 일이 아무것도 없고 이불 속에서 "오늘은 어디로 갈까?"라고 고민합니다. 반년도 지나지 않아 자유가 고통으로 바뀝니다.

모두 함께 만원 전철을 타고 있으면 일단 고독하지 않습니다. 어쩐지 일을 하고 있다는 착각도 합니다. 그러나 "내일부터 회사에 안 와도 돼", "전철을 타지 않아도 돼"라는 말을 들으면 그 자유는 공포라는 탈을 쓰고 다가옵니다. 늘 사던 정기권을 사지 않는 순간 자유로움은 불안으로 바뀌어갑니다. 모두 다 외로움으로 다가옵니다. 그것을 견딜 수 있는지 아닌지, B영역을 지향하는 사람에게는 매우 중요합니다.

희소가치가 있는 사람은 고독한 사람이기도 합니다. '100명 중 일인자'인 사람은 기타 99명보다 고독합니다. '1만 명 중 일인자'가 되면 더욱 고독함이 늘고, '100만 명 중 일인자'가 되면 그 고독함은 더욱 늘어난다는 것을 각오하십시오. 이 고독함을 견딜 수 없다면 모두가 동일한 '100분의 99', '1만분의 9999' '100만분의 99만 9999'인 사람임을 감내할 수밖에 없습니다.

진정한 개인 사업가가 되기까지 고독을 견디는 강인함을 길러야 합니다. 그렇지 않으면 독립한 후에 "역시 모두 함께 지내고 싶었다"라고 울고 싶어질지 모르니까요.

진정한 개인 사업가가 되어도 제대로 여름휴가를 낼 수 있는가?

진정한 개인 사업가가 되면 휴가는 자기 마음대로입니다. 일주일뿐만 아니라 한 달이든 1년이든 쉬고 싶은 만큼 쉬어도 됩니다. 이 또한 세상의 월급쟁이들이 공포감을 느끼는 점입니다.

월급쟁이는 9시에 출근해서 정오부터 점심, 저녁이나 밤에 퇴근하는 기본적 시간표가 정해져 있습니다. 출세하게 되면 회의나 회식, 토요일과 일요일의 골프 약속, 여름휴가 시기 등도 비서가 스케줄링해주게 됩니다. 영업 부문의 부장은 언제, 어떤 고객과 만나는지까지 전부 메워져 있습니다. 그런 뜻에서 월급쟁이는 높아지면 높아질수록 스스로 시간 매니지먼트를 하지 않게 되죠. 따라서 스케줄을 짜는 것도 둔하게 됩니다. 그런 사람이 독립해서 시간이 자유가 되면 불안할 수밖에 없습니다. 여름휴가 하나조차도 어느 날 쉬면 되는지 알 수 없게 되는 것이죠.

본래 일본인은 긴 휴가를 잘 못 잡습니다. 리쿠르트에는 한 달간의 연속 유급 휴가제도가 있었지만, 당시에는 아무도 쓰지 않았습니다. "역시 인사부장이 시범을 보여야 한다"라며 당시의 인사부장님이 억지로 쓰신 적이 있었습니다. 그러자 어떻게 되었을까요?

인사부장님은 아무 데도 가지 않고, 자택 주변을 빙빙 돌고 있었습니다. 그리고 툭하면 회사로 전화를 걸어 일의 진행 상황을 부하들에게 물었습니다. 자기만 한 달을 쉰다 해도 자녀들이 방학 시기가 아니면, 아내도 아이들을 돌보기 위해 남편을 따라 한 달이나 집을 비울 수도 없습니다. 그래서 장기휴가를 아무것도 하지 못하고 보냈던 것 같습니다.

독립하면 여름휴가를 언제 잡을지 생각해서 재빨리 여행 갈 곳의 숙박을 예약해버립시다. 그 정도로 하지 않으면 오랫동안 회사에서 각인된 시간 감각에서 벗어날 수 없습니다.

B영역을 지향하는 사람에게
보내는 메시지

B영역에서 '100명 중 1인'이 되기 위해서는 우선 하나의 분야에서 1만 시간을 투자해 돈을 벌기 위한 기술을 습득하십시오. 그 후, 다른 분야에서의 1만 시간을 투자해 합쳐서 '1만 명 중 일인자'를 지향합시다. 3개의 분야를 합치면 '100만 명 중 일인자'도 꿈은 아닙니다. 희소성이 높은 사람일수록 소득이 높아진다는 것을 의식해서 일하는 것이 중요합니다.

제3장

경제외적 가치
×
권력 지향
∨
공무원 타입

'연결'을 추구하는 사람의
4가지 조건

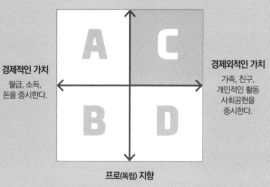

권력(월급쟁이) 지향

경제적인 가치
월급, 소득,
돈을 중시한다.

경제외적인 가치
가족, 친구,
개인적인 활동
사회공헌을
중시한다.

프로(독립) 지향

| 조건7 | **일 이외에서 타인의 신임을 얻을 수 있다.** YES or NO

- ☑ 후지하라식, 인간관계의 핵심 – 자신을 비싼 값으로 팔지 말고, 싸게 판다.
- ☑ 어떻게 타인의 신뢰와 감사를 늘릴 수 있는가?
  '크레딧(신임)'이 인간관계의 기초

| 조건6 | **조직 이외의 리얼한 커뮤니티에 속해 있다.** YES or NO

- ☑ '일산주의'에서 '연산주의'로 – 복수의 커뮤니티 만들기는 빠른 편이 낫다.
- ☑ 피해지역에 가서 커뮤니티를 구축한다.
- ☑ 혼자서라도 세계는 변한다.

| 조건5 | **쓸데없는 시간을 견딜 수 있다.** YES or NO

- ☑ 조직에 있기 위한 '세금'이라 생각하며 'SSK(접대, 평가, 회의)'를 견딘다.
- ☑ 회식에서는 간사를 맡고, 결혼식과 장례식에는 반드시 참석해서 적극적으로 도와준다.
- ☑ 골프는 적당히, 테니스로 교류를 증진시킨다.

| 조건4 | **조직에서 필요로 하는 최소한의 스킬을 갖출 수 있다.** YES or NO

- ☑ 내보내고 싶어도 내보낼 수 없는 인재가 되어라! 자기 나름의 전문성이나 대형 고객을 확보한다.
- ☑ 귀염성이 있는 착한 사람이 되어라! 남자야말로 애교가 중요한 시대

C영역은 '경제외적 가치'를 중시하면서 '권력 지향'이 있는 이른바 '공무원 타입'의 사람입니다.

조직에서 일은 나름대로 하면서, 다른 커뮤니티에서도 사람들과 관련해 스스로를 활용하는 것을 목표로 합니다. 한마디로 '연결'을 추구하는 사람. 지금 하는 일에 열정은 별로 없을지 모르지만, 독립할 용기나 실력은 없습니다. 회사나 조직에는 적을 두면서 일 이외에서 자기 나름의 보람이나 충실감을 얻고 싶다고 생각합니다. '권력'을 추구할지 어떨지는 몰라도 '경제외적 가치'의 실현을 추구한다는 의미에서는 NPO, NGO, 재단 등의 일도 여기에 들어갈 것입니다. C영역에서 상위 1%의 사람이 되기 위한 조건 4가지를 제시하겠습니다.

조직에서 필요로 하는 최소한의 스킬을 갖출 수 있다

▶ 조직에서 필요한 최소한의 스킬을 습득하라!

내보내고 싶어도 내보낼 수 없는 인재가 되어라!

자기 나름의 전문성이나 대형 고객을 확보한다

　C영역을 추구하는 경우, 우선 회사나 조직에 자신의 자리를 확보해가는 것이 대전제가 됩니다. 회사나 조직에서 쫓겨나면 아무것도 없기 때문이죠. 자신이 소속된 조직에 발판을 두고 회사나 상사로부터 필요한 최소한의 스킬을 체득할 필요가 있습니다. 그 조직에서 출세해 연봉을 올리기 위해서라기보다는 조직에서 쫓겨나지 않기 위함입니다. 매달 월급을 받을 수 있기에 다른 커뮤니티에 자신의 자리를 찾을 수 있고, 자신의 보람이나 행복을 추구할 수 있는 것입니다. 독립할 생각도 능력도 없는 사람이 조직에서 쫓겨나 무직이 되면 다른 커뮤니티를 찾는 여유는 없어집니다.

그렇다면 조직에서 쫓겨나지 않을 인재가 되기 위해서 어떻게 하면 좋을까요?

먼저, 나름의 전문성을 가지는 것입니다. 상사가 봤을 때 그 사람에게 일일이 물어보지 않으면 일을 추진할 수 없는 사람이 되라는 것입니다. 중앙관청의 하급공무원이 여기에 해당됩니다. 그들은 자신의 전문 분야의 일을 10년, 20년 계속합니다. 한편 행정고시나 고시 출신자들은 우수한 사람일수록 2년 정도면 인사이동이 있기 때문에 실무에서는 절대적으로 전문인 하급공무원들을 빼놓을 수 없습니다. 전문분야의 일은 하급 공무원들이 장악하고 있기 때문입니다.

또 하나, 회사가 내보내고 싶어도 내보낼 수 없는 사람은 대형 고객을 확보한 사람입니다. 좋은 고객을 확보하고 있고, 그 사람이 없어지면 월급 이상의 손실이 생기는 사람을 회사는 절대로 그만두게 할 수 없습니다. 반대로 말하자면 전문성이 없는 사람이나 고객이 없는 사람은 구조조정 대상이 되기 쉽다는 것입니다.

C영역을 지향한다면 우선 자신의 전문분야를 의식적으로 만들어갑시다. 자기가 없어지면 주위 사람들이 곤란해지는 일을

하는 것입니다. 그것은 반드시 전문성이 높은 일이라야 가능한 것은 아닙니다. 너무 번잡해 아무도 손을 대지 않는 일에 손을 빌려주는 것도 하나의 수법입니다. 자연스럽게 그 일은 '당신이 전문'이라는 이미지를 만들게 됩니다. 말은 나쁘지만, '블랙박스화'되어갑니다. 그와 함께 큰 거래처를 확보하는 노력도 합시다. 전문성과 고객을 손에 넣으면 당신의 지위는 상당히 보장됩니다.

귀염성이 있는 착한 사람이 되어라!
남자야말로 애교가 중요한 시대

특별한 스킬도 없고 딱히 잘하는 일도 없지만, 왠지 주변 사람들에게 사랑받는 사람이 있습니다. 비법이 뭘까요?

'운동부에 있던 남자들은 취직활동에서 유리하다'라는 말이 있습니다. 근성이 있다. 상하관계를 제대로 지킨다. 예의 바르다. 힘든 일도 잘 버티고 상사에게 반론하지 않는다. 그런 기질이 일본 기업의 수직사회에 잘 맞았던 것 같습니다.

그러나 최근에 대기업이 채용하는 남자는 '귀염성이 있는 착한 사람'으로 바뀐 느낌입니다. 대형 부동산업계에서도 '귀염성이 있는 착한 사람'이 늘어났습니다. 영업맨으로 살아남은 사람들을 보면 애교 있고 꼼꼼하며 뼈대 있는 사람이 많습니다. 체력 좋은 것만으로 승부를 걸어왔던 사람이나 손님을 속여서라도 계약을 따내려고 하는 사람들은 차츰 사라지고 있습니다.

부동산업계뿐만이 아닙니다. 모든 업계에서 '귀염성이 있는 착한 사람'을 선호합니다. 그 이유를 생각해보면 아마도 '귀염성이 있는 착한 사람'은 연배가 높은 여성분들에게 호감을 얻기 쉽기 때문일 것입니다. 주택, 자동차, 가전 등의 쇼핑은 주로 여성에게 결정권이 있죠. 귀염성이 있거나 착한 사람은 주 고객인 여성의 마음을 제대로 장악할 수 있는 것입니다.

또한 '귀염성이 있는 착한 사람'은 높은 실적을 올렸다고 하더라도 동료를 밀어내지 않습니다. 겉으로 보이는 이미지와 그대로 맞아떨어지는 것이지요. 즉 '귀염성이 있는 착한 사람'은 얼핏 보기에 약해 보이기도 하지만, 그것이 단점이 아닌 장점으로 발휘되는 것이지요.

운동부 출신의 강점은 뭔가 피곤하게 느껴지지만, '귀염성이 있는 착한 사람'의 약함은 주변 사람을 힐링시키고, 손을 내밀게 만듭니다. 그래서 최종적으로 살아남을 수 있는 것입니다. '남자야말로 애교가 중요'합니다.

C영역에서 '100명 중 일인자'인 상위 1%가 되려 한다면 남에게 사랑받는 캐릭터가 되어야 합니다.

조건 **5**

쓸모없는 시간을
견딜 수 있다

▶ 쓸모없는 시간을 견딜 수 있는 사람이 되어라!

조직에 있기 위한 '세금'이라 생각하며
'SSK(접대, 평가, 회의)'를 견딘다

조직에 오랫동안 붙어 있으려면 'SSK(일본어의 접대, 평가, 회의)' 시간도 견뎌야 합니다. 독립해서 프로가 되고자 하는 B영역의 사람은 이 'SSK'를 되도록 줄이고 1만 시간을 낼 필요가 있다고 말했습니다. 그러나 C영역의 사람은 조직에서 자신의 신병을 확보하는 것이 우선이기에 조직에 있기 위한 '세금'을 지불해야 합니다.

C영역 사람에게 'SSK'는 꼭 필요합니다. 쓸모없는 일이라 생각해도 참고 견뎌야 합니다. 오히려 솔선수범해 '접대'하고 부하의 '평가'와 지도에 시간을 할애하며 '회의'에서 회의록을 기

록해 다른 사람들에게 나눠주는 자세가 필요합니다. 그럴 때 사람들은 당신을 '착한 사람'으로 생각합니다. 그것은 조직에서 살아남기 위한 큰 무기가 됩니다.

회식에서는 간사를 맡고, 결혼식과 장례식에는 반드시 참석해서 적극적으로 도와준다

'프로 지향'인 B영역의 사람들이 피하는 회식이나 관혼상제도 C 영역을 지향하는 사람들은 적극적으로 참여해야 합니다. 회식 자리에서는 간사를 맡고, 결혼식에도 꼭 참석합니다. 고인을 몰라도 장례식도 반드시 참석합니다. 그리고 간사역도 담당합니다.

그런데 장례식을 도울 때 서열이 있다는 것을 알고 있나요? 역에서 장례식장까지 길 안내 간판을 들고 서 있는 월급쟁이가 있는데, 사실 간판을 들고 있는 역할은 서열이 상당히 낮습니다. 가장 서열이 높은 것은 상주 옆에서 장례 전체를 돌보고 접수를 담당하는 사람입니다.

예를 들어, 작가가 세상을 떠나면 각 출판사의 패권 다툼이 일어납니다. 재빨리 찾아와서 상주 옆에서 장례 전체와 접수까지 맡은 출판사가 이깁니다. 조금 늦게 도착한 출판사는 간판을 들고 있는 역할을 하게 됩니다.

C영역을 지향한다면 이런 조직 행사에 모두 참여할 각오를 합시다. 모두 싫어하는 일을 기분 좋게 해내면 일이 서툴더라도 사람들이 잘 봐주게 됩니다.

골프는 적당히, 테니스로 교류를 증진시킨다

골프가 시간을 너무 많이 잡아먹고, 목숨을 건 스포츠라는 것은 B영역의 사람들과 같습니다. 그러나 C영역을 지향한다면 골프를 완전히 그만둘 수는 없습니다. 그래서 제안하고 싶은 것은 골프는 줄이고 테니스로 교류를 증진시키는 방법입니다. 저 자신이 몇 년 전부터 테니스를 시작해보니 교류에는 테니스가 훨씬 합리적이라는 생각이 들었습니다.

잘 치는 사람이라면 제법 즐길 수 있는 것은 물론이고, 능숙하지 않아도 그 나름대로 즐길 수 있는 운동이니까요. 가령 잘 치는 사람과 그렇지 않은 사람이 페어가 되면 더 재미있어집니다. 그러나 골프는 4명이 돌 때, 4명의 실력이 엇비슷하지 않으면 잘 치는 사람은 너무 많이 기다리게 되어 짜증이 납니다. 못 치는 사람도 다른 멤버들의 방해가 되어 함께 즐기기가 어렵죠.

골프에 시간을 너무 많이 뺏겨서 곤란한 C영역의 사람은 부디 테니스로 교류하는 것을 시도해보십시오. 못 치더라도 두려울 것이 없는 운동이 바로 테니스니까요. "다음 주 골프 어때요?"에서 "다음 주 테니스 어때요?"로 약속을 바꿔보는 건 어떤가요?

조건 **6**

조직 이외의 리얼한
커뮤니티에 속해 있다

▶ 조직 이외의 리얼 커뮤니티에 속하라!

| '일산주의'에서 '연산주의'로 |

복수의 커뮤니티 만들기는
빠른 편이 낫다

　상승세에 있는 '성장사회'를 봅시다. 신입으로 들어가 정년까지 일하는 것이 회사원의 정석이었습니다. 이른바, 하나가 조직인 산에 올라가는 '일산주의(一山主義)'입니다. 옛날에는 평균수명이 지금보다 짧았기 때문에 산에서 내려가면 몇 년 후에 수명이 다했습니다. 그러나 지금은 평균수명이 한참 연장되었죠. 가령 65세까지 근무했다 하더라도 남은 인생이 20년, 아니 그 이상일 수도 있으니까요. 회사조직도 인생의 마지막까지 돌봐주지는 않습니다.

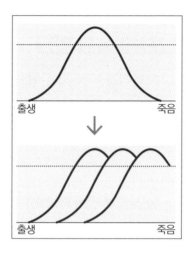

〈도표 4〉 '일산주의'로부터 '연산주의'로

출생 　　　죽음

출생 　　　죽음

　　종신고용은 이제 유지할 수 없고, 그 이전에 정년까지 조직이 존속할지도 알 수 없습니다. 국가도 인생의 후반에 대해서 돌봐주지 않고 있습니다. 연금의 지급 개시 연령은 더욱 올라갈 것입니다. 즉, 앞으로의 시대는 지금 있는 조직과는 다른 산을 자신이 만들어, 그 산에 동시에 올라가거나 상황에 따라 하나의 산에서 옆 산으로 바꿔 타는 '연산주의(連山主義)'가 필요해집니다.

　　옆 산이란, 요컨대 커뮤니티를 말합니다. 그 커뮤니티에서 지금 조직과는 다른 보람을 찾아가는 것입니다. 커뮤니티가 여러 개 있으면, 풍요로운 인생을 보낼 수 있습니다. 단 하나의 산으로는 인생 후반이 불안할 수밖에 없죠. 자칫 무의미하게 내려가기만 하는 쓸쓸한 여생이 몇십 년이나 계속됩니다.

저는 지금까지 몇 개의 다른 산을 만들어왔습니다. 리쿠르트에 재직하면서 영업이나 프레젠테이션의 기술을 연마해왔으나 세 아이가 다니던 곳의 학교 교육에 관심을 가졌습니다. 컴퓨터 룸에서 학습을 도와주면서 교육 분야에 들어갔습니다.

또 '성숙사회'에 관심이 있었기에 리쿠르트 시절에 영국 유학과 프랑스 체재를 경험했습니다. 주택도 옛날부터 좋아해서 자택을 세우거나 투자용 맨션을 구입할 때 철저하게 공부해 준 프로급이 될 수 있었습니다.《타테도키(建てどき, 나중에《인생의 교과서(집 만들기)》라는 제목으로 문고판 책이 됨. 친구인 건축가, 구마 겐고 씨의 해설)》라는 저서는 꽤 많이 팔렸습니다. 리쿠르트와는 다른 산을 더 만들기 위해 월급쟁이를 하며 몇 년 동안 커뮤니티를 구축해왔습니다. 리쿠르트를 퇴직한 후 와다 중학교의 교장이 되고, 교장을 그만둔 후에는 주택을 프로듀스하기까지 했죠. 그때까지 만들어둔 산들을 5년마다 하나씩 오르는 셈이었죠. 멋진 등산을 한 것입니다.

C영역을 지향하려면 지금의 조직을 토대로 하면서 다른 산을 넓혀가는 것이 현실적입니다. 물론 관심 있는 분야라야 할 것입니다.

높은 산에는 넓은 산자락이 필요하기 때문에 빨리 시작하는 것이 좋습니다. 곧장 커뮤니티를 만들어 5년, 10년 정도의 간격으로 만들어가도록 합시다.

피해지역에 가서
커뮤니티를 구축한다

지금 있는 조직과는 다른 커뮤니티를 만든다고 해도 세상에는 어떤 커뮤니티가 있는지, 어떻게 참가하면 되는지, 전혀 떠오르지 않을 수 있죠. 그런 사람들을 위해 하나의 구체적인 사례를 말씀드리겠습니다.

자주 이 업종 교류회에서 명함을 나눠주고 동료나 비즈니스 파트너를 찾는 사람들이 있습니다. 요컨대 커뮤니티를 만들고 싶은 것이겠죠. 하지만 파티장에서 술을 마시며 건네는 명함 인사는 소용이 없습니다. 보다 뜻이 깊은 사람이 많이 모여 있는 곳에 가기를 권합니다. 같은 목표를 가진 사람들과 끈끈한 인간관계를 구축할 수 있습니다.

그런데 지금 뜻이 높은 사람이 모이는 장소가 어딘지 아시나요?

그중 하나가 이시마키(石券)와 방글라데시입니다. 파워가 있는 젊은이들이 많이 모입니다. 보통 회사원으로 끝나버리지 않을 것 같은 젊은이들이죠. 이 두 군데에 공통되는 것은 압도적인 '결핍'입니다. 이시마키는 대지진으로 모든 것이 사라졌습니다. 방글라데시는 어마어마한 빈곤국입니다.

자, 이런 곳에서 뜻이 있는 사람들을 흡인하고 있습니다. 리더십이 있는 사람이 결집하고, 그 주변에 뜻이 증식되어갑니다. 그런 사람들과 함께 커뮤니티를 만들어 활동하면 얻기 어려운 경험을 할 수 있을 것입니다. 저는 이시마키와 방글라데시의 앞 글자를 따서 'IB리그'라 부르고 있습니다. 미국의 아이비리그(하버드, 예일 등 미국의 명문 사립대 8개 학교의 총칭)에 진학하는 것보다 리얼한 사회와 문제에 대해 현지에서 배울 수 있고, 세상에 공헌할 수 있다고 생각합니다.

혼자서라도
세계는 변한다

이시마키에 모이는 우수하고 봉사 정신이 투철한 사람들 중에서 제가 비즈니스 파트너로서 함께 활동하고 있는 것이 제1장에서도 소개했던 타치바나 타카시 군입니다. 그는 센다이시에서 태어나 이토츄상사의 사원이었던 남자입니다. 지금은 어부의 합동회사 '오 갓츠(OH! GUTS!)'의 경영에 참여 중입니다. 지진 후 도쿄에서 이시마키로 옮겨가 사업가 겸 어부가 되었습니다. 지진 피해지역에 새로운 마을과 어업 시스템을 만들기 위해 분투 중입니다.

방글라데시에서는 사이쇼 아츠요시(稅所篤快)라는 남자가 새로운 교육시스템을 구축했습니다. 그는 본래 공부를 못해서 편차치 28(한국 내신 8등급 수준)이었지만, 도신 하이스쿨의 비디오 수업이 잘 맞았는지 와세다대학에 합격했습니다. 그러나 대학에서의 강의를 받았지만 '별거 아니구나' 싶어 책을 읽게 되었습니다. 그러다 책에 나온 마이크로 크레딧의 창시자 무하마드 유누스(Muhammad Yunus)에 충격을 받아 대학을 휴학하고 그를 만나러 방글라데시로 갔습니다.

사이쇼 아츠요시는 무하마드 유누스가 이끄는 그라민은행의 본부 앞에서 그를 기다렸습니다. 그가 타고 있는 차가 나오자 아츠요시는 무작정 앞을 가로막았습니다. 그리고 못하는 영어로 "당신 옆에서 일하게 해주십시오"라고 간청했습니다. 처음에는 거절당했지만, 다음 날, 또 그다음 날도 변함없는 모습에 유누스도 끈기에 놀란 것인지, 드디어 아츠요시를 프로젝트 멤버로 맞이해주었다고 합니다.

아츠요시는 방글라데시의 최고봉, 다카대학교(Dhaka University)에 입학하기 위한 비디오 학원을 만들었습니다. 다카대학교에 방글라데시의 가난한 농촌지역의 고등학생들은 보통 들어갈 수 없습니다. 유명 학원에 들어가 우수한 강사의 수업을 받지 않으면 합격할 수 없는데, 농촌의 가정에 그런 돈은 없습니다. 이것이 빈곤의 사슬로 이어졌습니다.

그래서 아츠요시는 다카대학교 입시에서 유명한 학원의 카리스마 강사에게 부탁해 30시간 이상의 강의를 모두 녹화했습니다. 그 DVD를 이용해서 농촌지역의 고등학생들에게 수업을 받게 한 것입니다. 그러자 그중에서 매년 1명, 2명씩 다카대학교에 합격하는 사람이 나와, 방글라데시의 교육계에 큰 파문을 일으켰습니다. 나아가 팔레스타인에 가서 이번에는 난민 문제의 희생이 되는 여학생들에게 방글라데시에서 했던 것과 같은 방법으로 교육을 받게 했습니다.

일본에서 편차치가 28이었던 남자가 영어도 제대로 구사 못하면서도 혼자 이국땅으로 가 교육의 방향성을 바꾸어버린 것입니다. 더구나 그 노하우를 계속해서 다른 나라에 응용해 실적을 쌓고 있습니다.

당신도 못할 이유가 없습니다. 그들도 특별해서 그리된 것은 아니니까요. 피해지역에서 봉사하고 사회에 공헌하는 방법 등으로 커뮤니티를 만들어 자신을 살릴 수도 있습니다.

일 이외에서 타인의 신임을 얻을 수 있다

▶ 일 이외에서 타인의 신임을 얻을 수 있는 자가 되어라!

| 후지하라식, 인간관계의 핵심 |

자신을 비싼 값으로 팔지 말고,

싸게 판다

지금 있는 조직에서 좋은 인간관계를 만들면서 다른 커뮤니티에서도 양호한 인간관계를 만든다. C영역을 지향하는 사람은 사람과의 '관계'야말로 생명줄이 됩니다. 그렇다면 사내외에서 좋은 인간관계를 만들기 위해서는 무엇이 필요할까요?

그 핵심은 자신을 비싸게 팔지 않고, 싸게 파는 것입니다. 무엇이든 돈으로 환산해 움직이는 사람은 비호감입니다. 자신이 '하고 싶다!', '배우고 싶다!' 또는 '남을 돕고 싶다!'라고 생각한다면, 무보수라도 받아들입니다. 그것은 커뮤니티라는 산을 넓히는 기회입니다. 또 그 커뮤니티에 자신이 받아들여지기 위한 카드가 되기도 합니다. 소탐대실(小貪大失)해서는 안 됩니다.

C영역의 사람은 지금 소속되어 있는 조직에서 일단 먹고살 일은 확보해놓은 상황입니다. 만약 맞벌이 부부라면 그 나름대로 여유도 있겠죠. 그 여유를 투자하는 곳이 지방자치단체나 NPO, NGO 등의 커뮤니티라는 것입니다.

저의 경우, 산의 분야를 넓히고 높게 하는 것을 목표했습니다. 다양한 경험을 쌓기 위해서 자신을 싸게 팔다 보니 공짜 일을 받을 때도 있습니다. '하고 싶은 일'과 '해야 할 일'을 나누어서 생각해야 합니다. 현재 본업에서의 수입은 강연이나 연수의 강연료, 서적 인세, 원고료와 출연료가 중심입니다. 그 이외에서 '하고 싶다!', '해야 한다!'라고 생각하면 무보수라도 받아들입니다. 도쿄학예대학이 주최하는 차세대 교장을 위한 비즈니스 스쿨 '학교 매니지먼트리더십'의 프로듀서, 강사 일은 자원봉사로 받아들였습니다. 도쿄학예대학의 객원교수를 하고 있었는데, 대학으로부터 월급은 받지 않았습니다. 강의와 프로젝트마다 보수를 받는 형태였습니다.

민주당 정권하에서의 사업 구분을 도와드렸을 때도 본래는 규정의 보수가 지급되는 것이지만, 저는 이 프로젝트의 취지로 봤을 때 무보수로 참가하기로 했습니다. 당시의 하시모토 토오루 오사카부 지사로부터 교육 분야의 특별고문의 요청이 있었을 때도 "돈은 일체 필요 없습니다. 반년 안에 반드시 결과를 내겠습니다"라고 선언했습니다. 저는 TV를 거의 보지 않기 때문에 하시모토 지사로부터 요청을 받았을 때, 그를 전혀 몰랐습니다. 이야기를 들어보니 오사카를 변혁시키고 교육을 변화시키려 하는 멋진 사람이었죠. 그 마음가짐에 공감해 힘을 빌려주고 싶었습니다. 개혁에는 고통이 동반되기에 주위의 반발도 예상했죠. 그러나 제가 무보수로 일하면 반발을 줄일 수 있다는 예측도 있었습니다.

자신을 싸게 팔거나 자원봉사를 하는 것은 단순한 자기희생이 아닙니다. 자신의 힘을 남을 위해 쓰면서 경험을 쌓을 수도 있고, 그것이 활동의 장을 넓혀주기도 하니까요. 나를 싸게 파는 것은 결국 스스로를 위한 것입니다.

어떻게 타인의 신뢰와 감사를 늘릴 수 있는가?
'크레딧(신임)'이 인간관계의 기초

'노고를 아끼지 않고 자신의 시간을 투자해서 공짜로 일하는 것', 이 행위에 저항감을 느끼는 사람은 C영역에서 1%의 사람이 될 수 없습니다. 이 행동의 투자 대비 효과, 반대급부는 얼마큼 있는가, 그런 것을 생각하는 것이 습관이 되어 있는 사람은 다른 커뮤니티를 만드는 과정에서 좌절하게 됩니다.

사람은 봉사정신이 넘치는 사람에 대해 신뢰와 공감을 가지게 됩니다. 저는 타인의 신뢰와 공감의 총량을 '크레딧(신임)'이라 부릅니다. 이 '크레딧(신임)'이 인간관계를 구축하는 베이스가 됩니다. '크레딧(신임)'을 얼마큼 많이 축적하게 될 것인가가 C영역을 지향하는 사람들의 관건입니다. 노고를 아끼지 않고 자신의 시간을 투자해서 공짜로 일하고, '크레딧(신임)'을 많이 얻으면 남들은 당신에게 접근하고 싶어지고, 당신을 위해 지혜나 기술을 빌려주고 싶다고 생각하게 됩니다.

그렇게 해서 '크레딧(신임)'을 높게 쌓아가면 그 커뮤니티에서 활약할 수 있고, 자유도도 늘어납니다. 모두가 응원해주기에 위에 올라가는 것도 가능하게 되겠죠. 즉, C영역의 사람이 추구하는 '경제외적 가치'와 '권력'을 결과적으로는 양쪽 모두 손에 넣을 수 있습니다. '크레딧(신임)'을 얻을 수 없는 사람은 아무도 접근하지 않고 지혜도 기술도 빌려주려고 하지 않죠. 혼자만의 좁은 통로를 걷다 결국 길이 막혀버리겠죠.

"얼마큼 타인의 '크레딧(신임)'을 축적할 것인가?" 그것을 생각하면서 산의 폭을 넓혀가시기를 바랍니다.

C영역을 지향하는 사람에게

보내는 메시지

C영역에서 1%가 되기 위해서는 양다리를 걸치는 뻔뻔함이 필요합니다. 지금 있는 조직에 매달린 채로 다른 커뮤니티를 만들고, 시기가 오면 다른 데로 옮겨가는, 항상 중심과 균형을 의식하면서 일을 하는 것이 중요합니다.

제4장

경제외적 가치
×
프로 지향
∨
연구자 타입

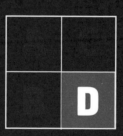

'좋아하는 것'을 추구하는 사람의
4가지 조건

권력(월급쟁이) 지향

경제적인 가치
월급, 소득,
돈을 중시한다.

경제외적인 가치
가족, 친구,
개인적인 활동
사회공헌을
중시한다.

프로(독립) 지향

| 조건 7 | **당신의 팬을 만들 수 있다.** YES or NO

☑ 아무에게도 평가받지 못하고 죽어간다고 하더라도
'좋아하는 것'을 관철할 각오가 되어 있는가?

☑ 인터넷을 이용해서 팬을 만들고 한 분야에서 카리스마가
있는 사람이 된다.

| 조건 6 | **집세가 있다.** YES or NO

☑ 후지하라식, 고정비 절약법 ① – 부모님 댁에 살 수 있으면
사양 말고 캥거루족이 되어라.

☑ 후지하라식, 고정비 절약법 ② – 만남과 고독 대책을 위해
셰어 하우스에 산다.

☑ 후지하라식, 고정비 절약법 ③ – 자동차도 셰어하면 된다.

☑ 후지하라식, 고정비 절약법 ④ – 놀이를 하듯 어디까지
절약할 수 있는지 시도해본다.

| 조건 5 | **결혼을 한다.** YES or NO

☑ 경제적 기반을 위해 결혼한다.

☑ '좋아하는 것'이 같은 동료들 중에서 우선 결혼 상대를 찾자.

☑ 철밥통인 상대, C영역의 사람을 노려라!

☑ 결혼 상대는 이렇게 찾아라!

| 조건 4 | **평생을 바쳐도 된다고 생각할 정도로 좋아하는 것이 있다.** YES or NO

☑ 평생을 바칠 만큼 좋아하는 것이 있는가가 큰 전제가 된다.

☑ 마음속 깊이 열중할 수 있는 것에는 자신도 모르는 사이
1만 시간을 투자하고 있다.

☑ 앞으로는 '○○○ 테라피스트'가 직업이 된다.

☑ '○○ 카운슬러', '○○ 아티스트'로 궁극적인 희소가치가
높은 사람이 된다.

☑ 꽃집도 인터넷을 이용하면 5만 엔으로 개업할 수 있다.

D영역은 '경제외적 가치'를 중시하면서 '프로 지향'인 이른바 '연구자 타입'의 사람입니다. 조직에 속해 있든 없든 상관없이 자신의 취미나 흥미의 세계를 쫓아가는 것을 목표로 합니다. 한마디로 말하자면, '좋아하는 것'을 추구하는 사람입니다. '좋아하는 것'을 무엇보다 우선시하기에 비정규직이나 아르바이트만으로 먹고사는 길을 택하고, 이로 인해 생활이 궁핍해질 리스크도 있습니다. 그러나 가령 가난하더라도 자신이 좋아하는 일만 하면서 살아가고 싶다고 생각하는 타입입니다. D영역에서 상위 1%가 되기 위한 조건을 4가지 제시하겠습니다.

평생을 바쳐도 된다고 생각할 정도로 좋아하는 것이 있다

▶ 우선은 평생을 바쳐도 된다고 생각할 정도로 좋아하는 것을 찾아라!

평생을 바칠 만큼 좋아하는 것이 있는가가 큰 전제가 된다

D영역을 추구하기 위해서는 우선 자신이 오타쿠(덕후)가 될 정도로 좋아하는 것이 있다는 것이 대전제가 됩니다.

"나보다 더 이것에 대해 잘 아는 사람은 어디에도 없다", "평생 계속해도 질리지 않는다", "이것만 있으면 다른 것은 모두 필요 없다" 그 정도로 빠져들 수 있는 세계가 있는 사람은 이제 D영역의 출발점에 서 있습니다. 반대로 말하자면, 평생을 바쳐도 괜찮다고 생각할 정도로 좋아하는 것이 없으면 D영역을 지향해서는 안 된다는 것입니다. 가령 그 길로 나아간다고 하더라도 절대 최고가 될 수 없겠죠.

예전에는 '오타쿠'라고 하면 기이한 눈으로 보는 사람들이 많고, 멸시하는 경향도 있었습니다. 그러나 지금은 아키바(아키바에서 활동하는 아티스트, 혹은 이런 아티스트들에 의해 창작된 작품들의 통칭)계의 애니메이션이나 아이돌에 빠져 있는 오타쿠는 일본의 새로운 문화의 발신자이며 쿨한 존재로 바라보기도 합니다.

PC 덕후도 예전과 같은 이상한 이미지는 사라지고 '최첨단의 테크놀로지에 강한 사람'이라는 인상을 갖게 되었습니다. 미국에서는 PC나 인터넷에 강한 사람은 '긱(Geek)'이라 불리며 학력과 상관없이 일류 IT기업에 취직해서 활약하기도 합니다. 그러나 일본에서는 아직 그런 사례가 많지 않습니다. 일본의 전통 기술은 세계적으로 주목받고 있지만, 그것을 이어가는 오타쿠는 적습니다. 결국 대부분 외국인이 전승하고 있습니다. 캐나다인이나 스웨덴인은 일본의 전통 기술을 아주 좋아하기 때문입니다.

오타쿠가 당당하게 오타쿠가도를 달릴 수 있는 시대가 왔기에 더 다양한 오타쿠가 나와도 될 것입니다. 일본뿐만 아니라 한국도 마찬가지입니다.

마음속 깊이 열중할 수 있는 것에는
자신도 모르는 사이 1만 시간을 투자하고 있다

　자신이 마음속 깊이 열중할 수 있는 것에는 자기도 모르는 사이 1만 시간 이상을 투자하고 있습니다. "인제 그만둬라"라는 말을 들어도 절대로 그만두지 않기 때문에 다른 것을 압도하는 지식이나 기술을 모르는 사이 습득하고 있습니다. 그것이 언젠가 비즈니스로 발전할 가능성도 있습니다. 누군가의 눈에 들어 언젠가 각광을 받을 날이 올지도 모릅니다.

　너무 좋아하는 것이 있다면 그것을 지속하도록 합시다. 아무리 작은 것이라 하더라도 상관없습니다. 오히려 작아서 좁은 분야를 추구하는 편이 굉장히 희소성이 높은 사람이 될 수 있습니다. 자신이 진정으로 좋아하는 것이 무엇인지, 자연스럽게 열중하고 있는 것은 없는지, 한번 자기 자신을 되돌아보면 좋겠죠.

　이것은 저의 독단이지만, 남자들은 의외로 마음속 깊이 좋아하는 대상을 발견하지 못하거나 모르는 사람이 많은 것 같습니다. 남자는 중학교, 고등학교, 대학교, 회사로 쭉 자신의 순위만 신경 쓰고, '호불호'의 감각을 스스로 추구하지 않고 어른이 되

A C
B D

기 때문인지도 모르겠습니다. 특히 일반 고등학교에서 4년제 대학에 입학한 남자들은 부모나 교사의 말대로 수험공부를 해서 자신의 머리로 생각하지 않고, 처리 능력만 계속 단련시켜 왔기 때문에 '좋아하는 것'에 대한 감도 떨어집니다.

그에 비해 여성은 어렸을 때부터 '나는 이것이 좋아', '이것은 싫어' 하면서 호불호가 확실하기 때문에 열중할 수 있는 일을 금방 찾는 듯합니다.

앞으로는 '○○○테라피스트'가 직업이 된다

평생을 바칠 만큼 좋아하는 것이 있고, 매우 열중한다면, 과연 미래에 그것이 나의 직업이 될 수 있을까요? D영역의 사람들이 먹고사는 방식이 바로 거기에 있습니다.

저는 "대담하게 도전하라"라고 말하고 싶습니다. 왜냐면 다가올 미래는 스스로 개척하는 시대, 스스로 직업을 만들 수 있는 시대가 열릴 것이기 때문입니다. 예를 들어 '아로마 테라피스트'라는 직업은 20년 전에는 없었습니다. 그러던 것이 지금은 '독(Dog) 테라피스트'까지 존재하고 있습니다. 이 사람들은 요컨대 '아로마 덕후', '개 덕후'라 할 수 있죠. 자신이 좋아하는 일을 추구하다 직업이 된 것입니다.

향후 저는 '○○ 테라피스트'가 무한히 생겨날 것으로 예상합니다. 10년 전만 해도 물을 돈 주고 사는 사람이 없었지만, 지금은 몇십 종류나 되는 미네랄워터가 팔리고 있습니다. 베스트셀러 작가인 혼다 켄(本田 健) 씨의 오피스를 방문했을 때, 인터뷰를 시작하기 전에 소형 페트병의 물이 20가지 정도나 나왔습니다.

"후지하라 씨, 어느 것이든 좋아하는 물을 골라주십시오"라고 말씀하셔서 속으로 '대단한 시대가 되었다'라는 생각을 한 적이 있습니다. 보통은 "좋아하는 물"이라는 말을 들어도 차이를 잘 몰라서 선택할 수 없는데, 이러다가 나중에 '물 테라피스트'라는 직업도 나오지 않을까 생각이 들었습니다. 어느 물이 어떤 성질이고, 어떤 효능이 있는지 잘 알고, "당신에게 가장 잘 맞는 물은 이것입니다", "당신을 힐링하게 해주는 물을 찾아드리겠습니다"라고 조언해주는 직업입니다(현재 '아쿠아 소믈리에'라는 인증 자격이 이미 존재한다고 함). '성숙사회'에서는 작은 차이가 큰 의미와 가치를 갖기에 향후 무수한 '○○ 테라피스트'가 탄생할 것입니다.

'○○ 카운슬러', '○○ 아티스트'로 궁극적인 희소가치가 높은 사람이 된다

앞으로는 '○○ 카운슬러'도 속출할 것입니다. 고독하고 불안한 시대에 카운슬러의 수요는 높아지고 있습니다. 향후는 그것을 다루는 범위가 세분화되어 지금까지는 없었던 '○○ 카운슬러'가 직업이 됩니다. 실제로 최근에는 '취직 활동 카운슬러'라든지 '종활 카운슬러(생을 마감하는 것을 도와주는 카운슬러)'까지 있을 정도죠.

마찬가지로 '○○ 아티스트'도 늘어날 것입니다. 옛날에는 '네일 아티스트' 같은 직업은 없었죠. 상상도 하지 않았으니까요. 지금은 휴대폰을 데코레이션하는 '데코 아티스트'라든지 아이들이 자는 모습을 가공해서 사진을 찍는 '자는 얼굴 아티스트'까지 등장한 세상입니다. 그러다가 '속눈썹 연장 아티스트'도 나올지도 모릅니다(원서 출간 당시는 없었지만, 현재는 존재함). 이런 식으로 '○○ 컨설턴트'나 '○○ 어드바이저'도 늘어날 것입니다.

즉, D영역을 지향하는 사람에게 말하고 싶은 것은 앞으로는 자신이 좋아하는 것 뒤에 비즈니스의 가능성이 크다는 것입니다. 스스로 이들 '○○'에 자신이 좋아하는 것을 붙이고, 말을 하면 되는 것입니다.

그러나 '물 테라피스트'만으로 먹고살 수 있을지 생각하면 불안한 것도 사실입니다. 이때 '서론'에서 말씀드린 '복수의 분야를 함께 갖는' 작전을 D영역에 있는 사람도 하시기 바랍니다.

물 테라피스트' 겸 ' 속눈썹 연장 아티스트', '물 테라피스트' 겸 '종활 카운슬러', 이렇게 하면 '희소성이 높은 직업'×'희소성이 높은 직업'을 해나갈 수 있는 것이죠. 궁극적으로 희소성이 높은 사람이 될 가능성이 생깁니다.

꽃집도 인터넷을 이용하면
5만 엔으로 개업할 수 있다

'꽃을 좋아해서 꽃집을 개업하고 싶다'라고 생각했을 때, 옛날이라면 대충 견적을 내봐도 1,000만 엔 이상의 자금이 필요했습니다. 부동산의 설비 투자와 보증금, 권리금 등에 그 정도는 필수였죠. 더구나 꽃집은 전국적으로 많아 보통 꽃집으로는 밥벌이가 쉽지 않습니다.

그러나 지금이라면 인터넷을 사용하면 5만 엔 정도 있으면 개업할 수 있습니다. 보통 꽃집에 있는 일반적인 꽃을 모두 갖춰놓지 않더라도, 예를 들어 '푸른 꽃'만을 모아서 판다거나, '후쿠시마 백합(Camellia japonica`Fukushimayuri)'만을 모아서 파는 '란체스터 전략'이 유효합니다. 그런 특징이 있는 꽃을 인터넷에서 판매하면 개업자금은 실질적으로 홈페이지 운영 비용과 꽃의 사입금만으로 가능합니다. 더구나 틈새산업이기 때문에 넘버원, 온리원이 되는 것도 간단합니다.

만약 인터넷을 잘 이용하지 못하는 나이대의 사람이어서 홈페이지를 운영하지 못한다면, PC나 인터넷에 강한 젊은 오타쿠와 함께 팀을 구성하면 됩니다. '70세와 17세가 함께 꽃집을 열었습니다'라고 알리면 화제가 되지 않을까요?

결혼을
한다

▶ 경제적 기반은 결혼 상대로부터 도움을 받아라!

경제적 기반을 위해
결혼한다

자신이 좋아하는 것을 추구하려는 사람은 '경제적 가치'를 추구하는 사람에 비해 아무래도 돈을 벌 수 없을 가능성이 커집니다. 돈보다도 자신이 좋아하는 것을 우선하고, '권력에 흥미가 없고, 자신의 시간은 좋아하는 것에 집중하고 싶다', 그런 식으로 살아가면 가난한 생활을 할 수밖에 없습니다.

그러나 먹고살기 위해 좋아하지도 않은 일을 하는, D영역을 지향하는 사람에게는 "꼭 결혼하라"라고 저는 권합니다. D영역의 사람이야말로 경제적 기반이 필요하기 때문입니다. 예부터 "혼자 입으로는 먹고살 수 없지만, 두 입으로는 먹고살 수

A C
B D

있다"라고 했습니다. 혼자서 소득 200만 엔으로는 생활이 괴롭지만 두 사람이라면 배가 되기 때문이죠. 그리고 주거비와 광열비는 반이 되고, 가구와 가전은 거의 1인분이면 됩니다. 즉, 생활비용이 반이 됩니다. 그 남은 돈과 시간을 자신이 좋아하는 일에 사용하면 되는 것입니다.

게다가 세상에서 고립되기 쉬운 D영역의 사람은 자기편이 곁에 있는 게 좋습니다. 최대의 내 편은 나의 반려입니다. 경제적으로도 정신적으로도 자신을 응원해주는 서포터, 함께 인생을 걸어가는 파트너를 어떻게 하든 잡아봅시다.

미혼화, 만혼화가 사회문제가 되고 있지만, 그 배경에는 비정규직이 늘어나고 남성이 가계의 모든 것을 짊어질 자신감이 없어졌다는 증표이기도 합니다. 여성도 전업주부를 희망하는데 그것을 만족시켜줄 만한 남성이 주변에 없기 때문에 결혼할 수 없겠죠. 그러나 남녀 모두 그런 전근대적인 시대의 환상은 없애야 합니다. '혼자서 가계를 짊어질 수 없어 둘이서 생활한다', '먹고살기 위해 둘이서 번다', 그렇게 생각을 바꿔서 '두 입'으로 살아가면 되지 않습니까?

'좋아하는 것'이 같은 동료들 중에서
우선 결혼 상대를 찾자

오타쿠인 사람이 결혼 상대를 찾는 것은 상당히 어렵다고 생각할지도 모릅니다. 본래 오타쿠는 "자기가 좋아하는 일만 하고 있으면 다른 것은 아무것도 필요 없다"라는 사람들이기 때문입니다. 그러나 조금 생각해보십시오. 이상적인 결혼 상대라는 것은 기호나 가치관이 같은 사람이 아닐까요? 기호나 가치관이 같은 사람과 함께라면 서로를 이해할 수 있는 가능성은 클 것입니다. 흥미가 다른 사람과는 이야기도 맞지 않고, 교제로 발전되기도 어렵습니다.

즉, D영역의 사람은 조건 4의 '평생을 바쳐도 된다고 생각할 정도로 좋아하는 것이 있다, 없다'를 달성한다면 사실은 가장 결혼하기 쉬울 것입니다. 자신이 좋아하는 것이 확실하고 더구나 오타쿠 주변에는 비슷한 것을 좋아하는 사람들이 많습니다. 인터넷에서 만나거나 번개모임, 서클 등의 현실의 장소에서 만날 수도 있습니다. 소극적이라서 연애를 잘 못 해도 흥미가 같은 상대라면 소통이 잘 될 것입니다.

A C
B D

생텍쥐페리(Antoine Marie Roger De Saint Exupery)의 명언 중에 이런 것이 있습니다.

"사랑이란 서로를 바라보는 것이 아니라, 함께 같은 쪽을 바라보는 것."

바로 오타쿠를 위한 금언(金言)입니다. D영역을 지향하는 사람은 자신의 취미 세계에서 결혼 상대를 찾도록 합시다. 그럴 경우, 자신의 매력을 가장 잘 발휘할 수 있을 테니까요. 결혼 상대가 같은 취미라면 생활이 즐겁겠죠. 자, 파트너가 없다면 취미가 같은 결혼 상대를 찾아보시기를 바랍니다.

철밥통인 상대,
C영역의 사람을 노려라!

취미의 세계에서 결혼 상대를 찾을 수 없으면 그 이외의 세계로 나갑시다. 자신이 좋아하는 것에 대해 열심히 하는 것입니다.

D영역을 지향하는 사람은 '좋아하는 것'을 좇을 수 없게 되면 살아가는 의미를 잃을 수도 있습니다. 그래서 파트너를 찾는 것은 경제적·정신적으로도 매우 중요한 문제입니다.

경제적으로 안정적인 파트너를 찾는 것은 결코 부끄러운 일이 아닙니다. "좋아하는 타입의 사람이 없다"라는 사람은 "얼굴이 아니고, 경제적 기반이다!"라고 판단하는 게 좋습니다. 꼭 부자여야 할 필요는 없습니다.

예를 들어 A영역, B영역, C영역, D영역의 타입 중 '경제적 가치'를 추구하는 A영역과 B영역의 사람은 D영역을 서포터해줄 것인가 하는 점에서 볼 경우, 그렇지 않을 가능성이 큽니다. 왜냐면 A영역과 B영역의 사람은 자신의 목표를 향해 달려가거나, D영역의 반려를 경멸할 가능성이 있기 때문입니다.

A영역은 '경제적 가치'를 추구하는 '권력 지향'이고, B영역은 '경제적 가치'를 추구하는 '프로 지향', 어느 쪽도 D영역을 추구하는 당신을 서포터해주지 않고 오히려 당신이 그들 또는 그녀들을 서포터하는 쪽이 될 가능성이 큽니다. 그렇게 생각해볼 때, 저는 C영역의 사람은 노려볼 만하다고 봅니다. C영역의 사람은 '경제외적 가치'를 추구하는 '권력 지향'입니다.

일은 대충 하고 다른 커뮤니티에서 자신을 활용해보고자 하는 여유가 있는 사람, 공무원이라면 안정적으로 40년간 철밥통입니다. 또는 약사, 간호사, 미용사 등 '사' 자가 붙는 직업이 있는 것이 좋겠습니다.

결혼 상대는
이렇게 찾아라!

그렇다면 D영역의 사람이 어떻게 C영역의 사람이나 손기술을 가진 사람과 만날 수 있을까요? 공무원과 만나고 싶다면 시청이나 학교의 자원봉사에 참여해보는 것은 어떨까요? 손기술이 있는 사람과 만나고 싶다면, 약국이나 병원, 미용실을 찾아 말을 거는 방법도 있죠. 하지만 상당한 용기가 필요합니다.

다른 취미를 가진 사람과 어떤 방법으로 가까워질 수 있는지는 제1장의 조건 5 '나만의 영업전략과 프레젠테이션 스킬, 협상 능력이 있다'에서 소개한 영업, 프레젠테이션, 협상술을 부디 참고하시기 바랍니다.

또한 오타쿠 친구들의 인맥으로 만나거나 이웃에게 소개를 부탁하는 것도 한 가지 방법입니다.

직업을 가리지 않는다면 여성이 많이 모이는 곳에 다니는 것도 한 방법입니다. 요리학원이나 와인스쿨 같은 곳에는 여성이 많이 모이며, 여성과 인연을 위해 다니는 남성들도 많다고 생각합니다. 'ABC쿠킹'은 전략적으로 결혼을 원하는 남녀들을 불러모은다고 합니다. 학원이 유리창으로 되어 있는 이유입니다. 여성들이 요리를 만드는 모습을 밖에서 볼 수 있도록 만들어놓은 것이죠. 당연히 남성들의 관심을 끌게 되는 것입니다. 남성만을 모아서 학원을 열고, 외부의 여성들에게 보이는 일도 있습니다.

다시 한번 반복하겠습니다. D영역을 지향하는 사람들은 최대한, 아니 어쩌면 반드시 결혼이 필요합니다. 그러기 위해서 요리에 흥미가 없는 사람도, 와인에 흥미가 없는 사람도 일시적으로 취미의 영역을 넓혀보도록 합시다. 평생 함께할 누군가가 먼저 취미를 즐기며 당신을 기다리고 있을지 모르니까요.

조건 6

집세가
있다

▶ 고정비를 낮추기 위해 집이나 아파트는 절대 사지 마라!

| 후지하라식, 고정비 절약법 ① |

부모님 댁에 살 수 있으면
사양 말고 캥거루족이 되어라

도쿄에서 혼자 살기 위해선 좁은 원룸이라 하더라도 집세가 한 달에 6~7만 엔 정도 듭니다. 큰돈을 벌지 못하는 D영역의 사람들에게 고정비는 매우 부담이죠. 그러니 집세를 내려야 합니다.

독신이라면 원룸아파트를 권하고 싶지 않습니다. 가능하면 집세나 주택할부금을 지불하지 않는 신분이 됩시다. 부모님 집에서 살 수 있는 사람은 캥거루족이 되어야 합니다. 주거비가 공짜라면 매달 고정비를 한꺼번에 줄일 수 있습니다. 다행

히도(?) 일본에서는 30대를 지나 부모와 동거할지라도 이상하다는 말을 듣지 않습니다. 일본의 어머니들은 아이를 언제까지나 곁에 두고 싶어 하는 경향이 있어 사양 말고 캥거루족이 되십시오. 한국도 어쩌면 마찬가지입니다. 눈치가 좀 보이겠지만, 경제적 기반이 잡힐 때까지 캥거루족이 되는 것도 한 방법일 수 있습니다.

이렇게 말하는 저도 30세까지 부모님 댁에서 살며, 어머니에게 식사, 빨래 모두 부담시켰습니다.

"나이도 많은데 아직도 부모님 댁에 살고 있어?", "이제 슬슬 자립해라"라는 말을 들어도 전혀 개의치 마세요. 어쨌든 D영역을 지향하는 것이라면 생활의 고정비를 절약하는 것이 최우선과제입니다.

| 후지하라식, 고정비 절약법 ② |

만남과 고독 대책을 위해
셰어 하우스에 산다

그러나 절대 부모님과 살 수 없는 경우도 있을 것입니다. 반드시 부모님 집에서 나와서 독립을 해야 할 상황이라면 셰어 하우스를 권해드립니다. 혼자 원룸아파트를 빌리는 것보다 매우 효율적입니다.

저는 중고 부동산의 리모델링을 하는 '리비타'라는 회사를 응원하고 있습니다. 이 회사는 도쿄 하라주쿠 한가운데에 'THE SHARE'라는 건물을 갖고 있습니다. 하라주쿠 경찰서의 코앞이라는 입지 조건인데 집세는 매우 합리적입니다.

원룸아파트에 살아도 이성과의 만남은 없습니다. 셰어 하우스는 부엌이나 거실이 공용면적이기 때문에 여기서 자연스럽게 만남이 생겨납니다. 젊은 남녀가 함께 요리를 만들거나 식사를 하다 보면 자연스럽게 사랑도 꽃피기 쉬워지겠죠. 연애로 발전하지 않더라도 적어도 고독 대책은 됩니다.

친구들과 함께 넓은 집을 빌려서 셰어를 하는 것도 좋겠죠. 런던이나 파리에 사는 젊은이들은 모르는 사람과 아무렇지도 않게 집을 셰어합니다. 방 3개에 부엌과 다이닝이 있는 집을 셰어할 상대를 인터넷에서 모집해, 남자 둘, 여자 혼자서 빌리기도 합니다. 일본인은 인터넷으로 모집한 완전한 타인, 더구나 이성과 함께 사는 것에 저항감을 느끼지만, 그들은 "친한 사람과 셰어를 하는 편이 더 문제가 많이 생긴다"라고 합니다.

예를 들어, 마늘요리 냄새가 공유공간이 꽉 차는 것을 용서할 수 없거나, 청소 분담에서 다투거나 돈과 관련된 트러블이 생기기도 합니다. 친한 사이는 오히려 더 말을 꺼내기가 어려워서 힘들다고 합니다. 그 결과, 인간관계가 무너지는 일도 적지 않습니다. 오히려 모르는 사람끼리라면 규정을 정하기도 쉽고, 그것을 제대로 이행할 수 있다고 합니다. 사적인 면에 대해서는 일절 간섭하지 않습니다. 싫으면 그냥 나가면 됩니다.

D영역을 지향하는 사람은 이와 같은 셰어 하우스 스타일을 도입해서 집세나 주택 할부에 휘둘리지 않도록 하십시오. 고정비를 줄일 수 있고, 결혼 상대까지 찾을 수 있다면 최고가 아닐까요?

자동차도
셰어하면 된다

지방이고 자동차가 없으면 생활을 할 수 없는 곳이라면 모르겠지만 교통편이 좋은 도시부에 살고 있다면 '이동수단'으로서의 자동차는 필요 없습니다. D영역을 지향하는 사람에게 있어서 자동차는 매우 큰 쇼핑입니다. 주차장이나 보험 등을 포함한 유지비는 큰 지출이 되니까요.

승차 빈도가 적기 때문에 카셰어링 서비스를 이용하는 편이 단연코 싸게 듭니다. 정말 자동차를 소유할 필요가 있는지, 잘 생각해보십시오.

본래 일본이 이만큼 자동차가 많이 보급된 이유는 차를 단순한 이동수단으로 보는 것이 아니라 이성에게 매력적으로 보이기 위한 수단이었기 때문입니다. 지금 젊은이들의 부모 세대는 자동차가 없으면 데이트를 할 수 없는 시절을 보냈습니다. 그러나 '여자에게 인기를 얻기 위해' 자동차를 소유하는 시대는 끝났습니다. 자동차가 없어도 얼마든지 즐길 수 있고, 실제로 일본 젊은이들의 자동차 외면 현상은 더 심해지고 있습니다.

만약 단순히 멋진 자동차를 타고 싶을 뿐이라면 람보르기니 또는 페라리를 렌터카로 빌릴 수 있는 곳도 있습니다. 타고 싶어지면 렌터카를 빌려서 얼마든지 타면 되겠죠.

| 후지하라식, 고정비 절약법 ④ |
놀이하듯 어디까지 절약할 수 있는지 시도해본다

D영역의 사람에게 '어떻게 하면 매달 고정비를 절약할 것인가?'는 최고 중요 과제입니다. 바꿔 말하면 빈곤 생활을 즐길 수 있으면 '좋아하는 것'을 쫓아다닐 수 있는 인생을 유지시킬 것이고, 그렇지 않다면 계속하지 못할 것입니다. 어디까지 생활비의 손익분기점을 내릴 수 있는지, 한번 놀이를 하듯이 도전해봅시다.

100엔 샵이나 할인점에 가면 대부분의 생활필수품을 살 수 있습니다. 100엔짜리 햄버거, 200엔대의 소고기덮밥이나 사누키우동도 있기에 식비도 많이 줄일 수 있습니다. 대형할인마트의 옷도 상당히 멋진 것이 많아져서, 의복비도 간단하게 줄일 수 있는 시대입니다. 양복에서 구두에 이르기까지 몇천 엔만 내면 센스도 질도 어느 정도 좋은 것을 손에 넣을 수 있습니다. 1,000엔짜리 이발소에서 이발해도 기술이 나쁘지 않습니다. 저도 매번 이용하지만, 한 번도 "그 머리스타일 이상해요"라는 말을 들은 적이 없습니다.

가난하다고 쪼들리게 사는 것이 아니라 싸도 좋은 것을 현명하게 골라서 절약하면서 풍요롭게 삽시다.

놀이하듯 절약과 풍요의 양립을 도모하면서, 빈곤 생활을 엔터테인먼트로 전환할 수 있다면, D영역의 사람은 자신이 좋아하는 길을 추구해가기 쉬워질 것입니다.

당신의 팬을
만들 수 있다

▶ 당신의 팬을 만들어라!

아무에게도 평가받지 못하고 죽어간다고 하더라도
‘좋아하는 것’을 관철할 각오가 되어 있는가?

자신이 좋아하는 것을 추구하다 보면 그것으로 먹고살 수 없을지도 모릅니다. 결혼할 수 없을지도 모르고, 결혼할 수 있다 해도 상대가 정나미가 떨어진다고 할 수도 있습니다. 그래도 자신이 좋아하는 길을 추구하겠다는 굳은 결의가 흔들리지 않는 사람만이 D영역에서 ‘100명 중 일인자’가 될 수 있습니다. 이처럼 D영역의 평생 추구를 위해서는 상당한 각오가 필요합니다.

예를 들어볼까요? 고흐(Vincent van Gogh)는 37세에 죽었는데, 생전에 팔린 그림은 딱 1장이었습니다. 아무도 평가해주지 않는 가운데 남동생인 테오(Theo van Gogh)만이 고흐의

A C
B **D**

재능을 믿고, 고흐의 생활을 계속 원조했습니다. 지금 고흐의 그림은 몇십억 엔이라는 값이 붙는데, 당사자는 고독과 실의 속에서 죽어갔습니다.

고흐처럼 D영역을 지향하는 사람은 죽을 때까지 세상에서 인정받지 못하고 돈을 못 벌 가능성도 있습니다. 불운한 채로 인생이 끝날지도 모릅니다. 그래도 정말 괜찮은지, 자신이 좋아하는 것을 초지일관(初志一貫)하며 자기만족으로 끝나도 되는지, 죽은 후에 평가받는다는 낭만에 취할 수 있는지, 고독이나 빈곤이 계속되어도 상관없는지, 한번 생각해봐야 합니다.

그런 각오가 없다면 D영역의 사람은 언젠가 좋아하는 것을 쫓는 데 지쳐 자기만족조차 할 수 없게 될지도 모릅니다.

인터넷을 이용해서 팬을 만들고 한 분야에서 카리스마가 있는 사람이 된다

D영역을 지향하는 사람의 만족은 팬이 있고 없고의 차이입니다. 자신이 좋아하는 것에 대한 높은 지식, 세계관, 그 모습

에 반하는 팬이 많이 생기면 스타가 될 가능성까지 있습니다. D영역의 모델 중 한 사람은 영화 〈낚시 바보 일지〉의 하마사키입니다. 하마사키는 평사원이지만 낚시에 대한 열정이나 지식, 기술이라면 누구에게도 지지 않습니다. 그런 모습에 사장님도 팬이 되었습니다. 그렇게 되면 무적입니다.

얼마 전 인기를 끈 캬리 파뮤파뮤(きゃり-ぱみゅぱみゅ) 역시, D영역의 상징이 아닐까요? 독특한 패션과 화장, 음악에 따라 귀여운 세계관을 추구하며 많은 팬을 매료시키고 있습니다. 꼭 세계적인 스타가 되지 않더라도 '한 영역의 카리스마'가 될 수 있습니다.

지금은 인터넷 시대입니다. 열광하는 사람들을 만들기 쉽습니다. 세상을 움직이는 메커니즘이 온라인으로 변했으니까요. 좋아하는 것을 인터넷상에서 발신하면, 세계 곳곳에서 볼 수 있는 세상이 된 것입니다. 자신의 오타쿠적 세계관을 조금씩 넓혀가다 보면 어느 날 갑자기 각광을 받게 될지도 모릅니다.

예를 들어, 2009년 영국의 오디션 프로그램에 출연한 수잔 보일(Susan Boyle) 등이 좋은 사례가 될 것입니다. 그녀는 빛을 못 보다가 47세 때 오디션에 도전했죠. 그녀의 노랫소리는 대단히 화제가 되었고, 순식간에 스타가 되었습니다.

혼자만의 세계에 틀어박혀 있으면 결코 팬을 만들 수 없습니다. D영역의 사람은 외부를 향해 계속 발신합시다. 나는 여기서 이렇게 살아 있고, 이렇게 움직이고 있다고 말입니다. 일본에서 아무도 평가해주지 않더라도 영국의 프로듀서나 뉴욕의 큐레이터가 평가해줄지도 모릅니다. 전문가가 평가해주지 않더라도 대중이 평가해서 인기에 불이 붙을 가능성도 있습니다.

인터넷 저쪽에서는 언제나 전 세계의 사람들이 대단한 오타쿠를 기다리고 있습니다. 그 주인공이 당신일 수 있다는 사실, 흥미롭지 않습니까?

D영역을 지향하는 사람에게
보내는 메시지

D영역에서 '100명 중 일인자'인 상위 1%가 되기 위해서는 당당하게 오타쿠의 길을 매진해갈 각오가 필요합니다. 가치관의 변천과 인터넷의 등장으로 드디어 오타쿠의 시대가 왔습니다. 자신이 좋아하는 것을 혼자서만 즐기는 것은 아깝습니다. 세계로 발신하게 되면 누군가가 알아차려줄지도 모릅니다. 다른 사람을 즐겁게 하는 것을 의식하면서 자기가 좋아하는 것을 추구하는 것이 중요합니다.

이 책의 사용 방법과
효용에 대해

이 책을 쓰는 이유는 3가지입니다.

첫째는 10만 부 베스트셀러가 된 《10년 후에도 먹고 살 수 있는 일, 먹고 살 수 없는 일》의 저자 와타나베 마사히로 씨와 도요경제(東洋経済) 온라인상에서 대담을 했는데, 그 9회에 걸친 장기 연재 〈10년 후에 무엇으로 먹고살 것인가?〉의 제5회 '소득 200~400만 엔의 신 중간층이 살아가는 길'의 접속 수가 약 194만이 되어 많은 반응이 있었다는 것입니다. 이 대담을 마련해준 온라인의 사사키 노리히코 편집장에게 우선 감사드리고 싶습니다.

여기서 저는 방송이나 신문, 잡지에서 글로벌 엘리트로 너무도 많이 떠들썩한 작금의 풍조에 의문점을 내걸어봤습니다. '비즈니스 책이 선동하는 것처럼, 모두가 중국이나 인도로 나가서 싸우는 글로벌 엘리트가 될 필요는 없다. 커뮤니티에서 일을 해도 되고, 일본인밖에 할 수 없는 호스피탈리티를 연마해서 호텔이 아니라 료칸(일본의 전통여관) 같은 영업을 잘하는 영업사원이 더 늘어나도 좋다'라고 생각했습니다.

그래서 이 책은 글로벌 슈퍼 엘리트 이외의 모든 일본인에게 10년 후에도 먹고살 수 있는 일의 방식을 제안하고 있습니다. 아니, 전 세계 모든 이들에게 미래에 대해 제시하려고 목표한 바입니다.

타인의 저서라고는 하지만 와타나베 씨의 《10년 후에 먹고살 수 있는 일, 먹고살 수 없는 일》의 제 나름대로의 속편입니다. 참고로 《10년 후에 먹고살 수 있는 일, 먹고살 수 없는 일》을 편집한 것은 이 책을 낳아준 사람으로, 현재 출판국장인 야마자키 씨입니다. 그리고 이 책은 젊은 호프 나카자토 씨에게 날카로운 시선으로 편집을 부탁드렸습니다.

두 번째는 전철 안의 광경에서 영감을 얻었다는 것입니다. 누구나가 다 알겠지만, 출퇴근 시간에 전철 안을 보면 앉은 사람들은 거의 다 휴대폰을 만지작거리고 있습니다.

10년 전만 해도 남자들은 〈주간 소년점프〉와 같은 두꺼운 만화잡지, 아니면 스포츠 신문을 보고 있었는데, 지금은 모바일 게임의 전성시대입니다.

'모바게'를 제공하는 DeNA의 난바 도모코 창업자는 그 옛날 맥킨지에서 리쿠르트 담당을 했었기 때문에 잘 알고 있는 사이이고, '그리'의 다나카 사장은 GI서밋트에서 항상 동석하며 '대단하다'라고 생각해 존경하고 있습니다. 따라서 그 회사의 사업을 비판할 생각은 전혀 없는데, 그래도 지금의 상황은 역시 '위험 수준'입니다.

이대로 가면 전철 안에서 책을 읽는 사람과 소통할 때 지식이나 문화 수준에서 압도적인 차이가 생기게 됩니다. 쓸데없는 간섭이라 생각할지도 모르겠으나, 그렇기 때문에 더욱더 이 책에서는 '파친코를 하지 않고 전철 안에서 모바일 게임도 하지 않고 대신 책을 갖고 있는' 사람은 돈을 벌 수 있게 된다고 말합니다.

중요한 부분이기에 반복하겠습니다.

'파친코를 하지 않고, 전철 안에서 모바일 게임도 하지 않고, 그 대신에 책을 갖고 있기만' 해도 10년 후에는 돈을 많이 벌 수 있는 사람으로 한발 다가갑니다.

'전철 안에서는 책을 읽자'라는 심플한 메시지는 서점과 함께 공동캠페인을 하고 싶을 정도로 명쾌하죠. (웃음)

단카이 세대(1946~1949년에 태어난 일본의 베이비붐 세대)들에게 익숙한 메시지 중 하나에 시대의 카리스마 테라야마 슈지(寺山修司) 씨의 〈책을 버리고, 거리로 나가자(書を捨てよ, 町に出よ)〉가 있습니다. 그렇지만 '성숙사회'에 들어간 일본에서 지금 가장 중요한 것은 오히려 '휴대폰을 끊고, 책을 읽자'가 아닐까 싶습니다. 그것은 한국도 마찬가지입니다. 지하철을 타 한번 둘러보십시오. 모두가 휴대폰에 열중하고 있습니다. 책을 손에 들고 있는 사람이 특별해 보일 지경입니다.

현대에서는 머리의 '연결' 상태가 중요합니다. 머리가 유연하다는 것은 뇌가 연화(軟化)되고 있다는 것이 아니라 지식이나 경험이 가로, 세로, 사선 등으로 잘 연결된다는 것입니다.

책이라는 것은 그것을 사선으로 연결하는 실 역할을 합니다. 눈에 보이는 사상의 배후에서 일어나고 있는 세계의 움직임이 잘 보이십니까? "이런 일이 일어나면 다음은 이런 일이 일어난다"라고 사물을 이어가면서 상상력을 작동시킬 수 있습니까?

모바일 게임만 하다 보면 사선의 실을 고치처럼 뽑아낼 수 없습니다. 책을 읽음으로써 지식, 기술, 경험의 파편이 사선으로 이어져가는 것입니다.

'파친코를 하지 않고 전철 안에서 모바일 게임도 하지 않고 대신에 책을 손에 쥔다!'

이런 3가지 조건을 충족시키기만 해도 대략 '10명 중 일인자'인 인재가 되며, 나머지 4가지 조건을 충족시키면 '100명 중 일인자'라는 뛰어난 인재가 될 수 있습니다. 이런 길을 이 책에서는 4가지 타입으로 제시했습니다.

세 번째의 계기는 독특한 방침을 취하는 학원 경영자와의 만남입니다. 다카하마 마사노부(高濱正伸) 씨가 이끄는 '하나마루 학습회'는 입시를 위한 학원과는 다릅니다. 유아기부터 초등학교 저학년인 아이들에게 고전을 암기시킴으로써 '말의 힘'을 단련시키거나 퍼즐을 리듬감 있게 풀게 함으로써 '떠올리고 시도하고 끝까지 하는 사고력'을 키우는 교육을 하고 있습니다. 어머니들에게 절대적인 지지를 얻고 있어, 〈정열대륙〉, 〈캄 브리아 궁전〉, 〈솔로몬류〉 등의 방송 프로그램에도 잇따라 등 장했기 때문에 독자분들께서도 잘 아실지 모르겠습니다.

이 학원의 교육 방침은 '밥벌이할 수 있는 사람'을 키우는 것 입니다. 남한테 빌린 것이 아닌 진정한 행복을 느끼며 살아갈 수 있는 사람을 양성하고 싶다고도 하셨습니다. 수업하는 모습 을 실제로 견학하니, 제가 실천하고 있는 '요노나카과'와 같은 구성요소로 '스스로 생각하는 힘'을 소중하게 생각하고 있었습 니다. '드디어 이런 학원이 받아들여지는 시대가 되었구나' 싶 어서 감회가 깊었습니다.

교과 문제로 정답을 빨리 푸는 '정보처리력'뿐만 아니라 유 아기부터 놀이나 퍼즐을 통해 머리를 유연하게 연결하는 '정 보편집력'을 키우는 것이 어른이 된 후에는 '돈을 벌 수 있는 힘'으로 이어집니다. 그런 것을 표방하는 학원이 비즈니스가 되고 있다는 데 충격을 받음과 동시에 '돈을 벌 수 있다', '먹 고살 수 있다'라는 것이 도대체 무엇인지, 제 안에서의 물음이 깊어졌습니다.

결론적으로 말하자면, '돈을 벌 수 있는 사람', '먹고살 수 있는 사람'이라는 것은 '100명 중 일인자'인 인재가 되는 것이라 생각합니다. '100명 중 일인자'인 인재라 해도 100명 있는 같은 학년에서 5과목의 성적이 1등이라든가, 순위에서 10위까지 들어갔는가 하는 것은 상관없습니다.

성적순이 아니라 당신의 사무실이 있는 임대빌딩에서 대체로 100명이 일하고 있다고 친다면, 빌딩 안에서 1%인 사람, 독자적인 희소성을 발휘할 수 있으면 충분합니다. 그것으로 희소가치가 있는 사람으로 충분히 보장되기에 우선 돈벌이가 가능합니다. 10년 후에도 아마도 밥은 먹고살겠죠.

더 희소가치를 높이면 '1만 명 중 일인자'의 뛰어난 인재 수준(당신이 사는 마을에서 1인)이 될 수도 있고, '100만 명 중 일인자'인 올림픽 메달 수상자급의 아주 희소가치가 높은 사람도 될 수 있을 것입니다. 그렇게 되면 이제 당신이 속한 세대에서 상위 1%가 되겠죠. 그런 길도 이 책에서 함께 제시했습니다.

'100명 중 일인자'인 희소가치가 높은 사람이 되면 왜 좋을까요? 연초에 제가 어떤 웹사이트에서 받은 인터뷰가 앞서 말씀드린 '도요경제 온라인'의 연재와 함께 '야후 토픽스'에서 길게 거론되었습니다.

일본인의 시급은 본래 800엔에서 8만 엔으로, 100배나 차이가 있습니다. 10년 전의 고도성장기에는 연소득 400~800만 엔 정도 사이에 (시급 2,000~5,000엔의 월급쟁이층을 중심으로) 두꺼운 중간층이 함께 살고 있었습니다. 그렇지만 중간층에서 하던 일을 IT나 로봇의 활약과 중국이나 인도가 사무 처리 업무를 해감으로써 일본인의 일이 아니게 되었습니다. 그래서 소득 400만 엔 이하와 800만 엔 이상의 사람들로 격차가 벌어지게 됩니다. 그렇다면 '시급이 높은 일은 어떤 일인가? 무엇이 100배의 차이를 결정하는가?'에 대답한 인터뷰입니다.

본문에서 자세하게 말씀드렸으나, 당신이 받는 보수를 결정하는 것은 당신의 희소성입니다. 희소성이 높은 인재가 되면 비싸게 팔리니까 돈을 벌 수 있는 사람이 되는 것입니다. '100명 중 일인자'의 희소가치가 있는 사람이 될 만한 이유가 확실해졌다고 생각합니다. 나아가 이 책에 만약 다른 제목을 붙인다면 '희소성이 있는 사람이 되기 위한 타입별 4가지 조건'이 될 것입니다.

'A. CEO 타입', 'B. 개인 사업가 타입', 'C. 공무원 타입', 'D. 연구자 타입'의 각각에 대해 4가지 조건을 달성하면 희소성이 높은 사람으로서 어려운 환경에서도 살아남을 수 있다고 명시하고 있기 때문입니다.

사실은 '100명 중 일인자'라는 희소성이 있는 사람이 되기 위해서는 7가지 조건이 필요하지만, 최초의 3가지 조건은 앞서 말씀드린 것처럼 '파친코를 하지 않고, 전철 안에서 모바일 게임에도 빠지지 않고, 대신에 책을 가지고 있는' 것만으로 달성할 수 있습니다. 매우 간단하지요?

〈도표 5〉 당신은 어떤 타입? - 4가지 영역의 매트릭스

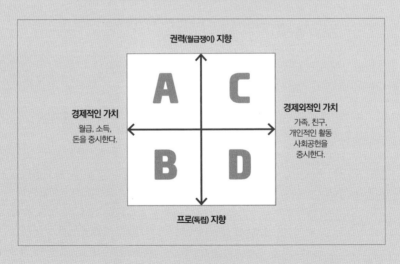

이 책에서는 〈도표 5〉가 빈번하게 나옵니다. 당신의 머릿속에 제대로 각인되었으면 하는 바람으로 그때마다 넣었습니다. 한편 다음 페이지에 나오는 〈도표 6〉은 제가 앞으로 강조하고 싶은 내용입니다.

A는 '힘'을 무기로 해서 일하는 영역

B는 '기술'을 무기로 일하는 영역

C는 '연결'을 무기로 일하는 영역

D는 '자신이 좋아하는 것'을 무기로 일하는 영역

본문에서도 말씀드렸지만 '권력 지향'인지, '프로 지향'인지, '경제적 가치'인지, '경제외적 가치'인지, 당신의 지향과 가치관을 2가지 축으로 질문받는 것보다, '힘', '기술', '연결', '좋아하는 것'의 분류 쪽이 더 부드러울지도 모르겠습니다.

이 책의 문장을 정리해준 것은 여성 라이터인 우에다 마오 씨인데, 여성 커리어를 생각해볼 때도 이 4개 영역의 ('힘', '기술' '연결', '좋아하는 것') 분류와 함께 사용해보십시오. 이 책에서는 '100명 중 일인자'가 되기 위해 일률적으로 경쟁하는 것이 아니라 타입별 온리원을 노릴 수 있도록 조건을 제시하고,

〈도표 6〉 당신은 어떤 타입? – 4가지 영역의 매트릭스

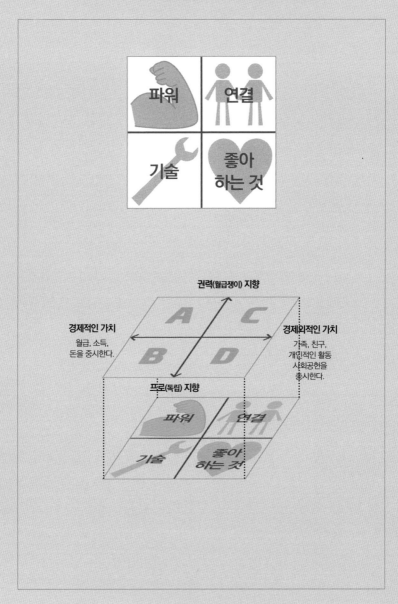

희소성이 높은 사람이 되어야 할 노하우와 의식의 바람직한 방향을 자세하게 전수하고 있습니다.

그렇기에 신세대를 위한 커리어 교육으로 읽는 10대와 커리어를 시작한 지 얼마 되지 않은 20대의 독자분들에게는 이 조건을 하나씩 달성해가는 안내서와 같을 것입니다. 커리어 체인지를 한 지 얼마 되지 않은 30대에게도, 같은 사내에서 커리어 시프트를 생각하고 있는 40대에게도 마찬가지입니다.

한편 이미 특정한 분야에서 '100명 중 일인자'를 달성한 30대 독자라면 '프롤로그'에 있듯이 인접하는 또 하나의 분야에서 한층 더 '100명 중 일인자'가 되어 그것을 곱함으로써 '1만 명 중 일인자'를 지향해주었으면 합니다.

나아가 40대, 50대 이상의 독자라면 이번에는 비즈니스 영역에서 대담하게 교육의 현장으로 뛰어든 저처럼, 완전히 다른 분야에서 지금까지 쌓아올린 실력을 시험해보고, 거기에서도 '100명 중 일인자'가 되었으면 좋겠습니다. '100명 중 일인자'×'100명 중 일인자'×'100명 중 일인자'를 곱해서 '100만 명 중 일인자'의 희소가치가 있는 존재를 지향하는 것입니다.

그렇게 되면 같은 세대에 한 사람 있을까 말까 한 매우 드문 존재가 될 것이므로, 상당한 소득이 보장되겠죠. 그 영역을 찾는 안내서로 부디 이 책을 사용해주십시오.

　제가 오랫동안 일을 했던 리쿠르트에는 '스스로 기회를 창출해 기회로 인해 스스로를 변화시켜라'라는 표어가 있었습니다. '기회는 스스로가 잡고, 그 기회로 인해 자신을 다음 단계로 올려가라'는 뜻입니다. 독자 여러분이 이 책으로 인해 스스로 기회를 끌어들일 것을 기원합니다.

| 옮긴이의 말 |

　일본 출장을 갈 때마다 시간이 나면 근처 서점에 들러 책 한두 권 사는 일은 제 오랜 습관 중의 하나입니다. 이 책은 제가 평소 자주 들르는 동경의 어느 서점에서 우연히 눈에 띄어, 구입하자마자 호텔 방에 돌아와 단숨에 다 읽었던 책입니다. 읽는 내내 그 내용에 놀라움과 흥미와 공감을 크게 느끼는 가운데 제가 왜 이 책에 강하게 끌렸는지를 재차 확인했습니다. 우리나라 사람들, 특히 이 땅의 젊은이들이 부디 이 책을 읽고 도움을 얻을 수 있었으면 하는 바람으로 번역해서 소개하는 지금, 중요한 숙제를 마친 듯 홀가분함과 함께 기대감으로 설렙니다.

　이 책의 원제는 '반드시 먹고살 수 있는 1%의 사람이 되는 방법'으로, 여기서 제시하는 방법대로 시간을 들여 몇 가지 조건들을 달성하다 보면, 무엇을 하든 먹고사는 데 아무런 걱정이 없는 희소가치를 지닌 사람이 자동적으로 될 수 있는 일종의 지침서라고 할 수 있습니다. 그리고 그 방법과 조건들은 놀랍게도 본의 아니게 제가 그동안 거쳐온 시간들, 그 과정들과 일치하고 있었습니다.

대학교수가 되고 싶어서 대학원 석사 과정에 진학해 문학 공부에 몰두했던 문학도 시절에는 그 길만이 제가 끝까지 가야 할 길이라고 생각했습니다. 그러다 우연히 아사히신문사 기자로 일하다가 박사 과정 진학을 포기하고 광고회사에 발을 디디게 되었습니다. 청소년기를 일본에서 보낸 이력과 학위가 바탕이 되어 거기에서 일본 최대 광고회사와의 일을 도맡으며 광고인으로서 다양한 분야의 기획과 마케팅 경험을 쌓고, 전문적인 동시통역과 문서 번역 작업을 실로 엄청나게 하게 되었습니다. 특히 88서울올림픽 때는 기자로서, 1993년 대전엑스포 때는 덴쯔 담당 총괄로서, 그리고 2002년 월드컵 때는 스포츠 마케팅 담당 부장으로서, 특별한 국제적 행사 때마다 최일선에서 일하며 흔치 않은 경험을 하고 노하우를 쌓았습니다.

그러다 또 우연히, 문과인으로서 그때까지의 경력을 뒤로하고 터보기계라는 제게 전혀 생소한 기계제품을 만드는 벤처회사로 이직을 하게 되었지요. 거기서는 일본 수출 담당 제반 업무와 함께 마치 이과대에 새로 입학한 새내기처럼 엔지니어링에 관해 배우고, 엔지니어, 공장장, 그리고 해외 영업과 AS 등을 오가며 10년이 넘는 시간을 달리다 보니, 어느새 터보기계 전문 엔지니어 못지않은 전문적인 지식과 이전부터 쌓았던 마케팅과 경영 이력을 더욱 탄탄하게 쌓을 수 있었습니다.

그렇게 결국 자그마하지만 한 무역회사의 대표로서 지금의 저를 있게 한 배경에는 학생 시절부터, 그리고 사회에 나간 이후 그동안 쌓았던 모든 경력이 밑받침을 이루고 있다는 것입니다. 돌이켜보건대 문학도와 기자로서 8년을, 광고인으로서는 10년을, 그리고 터보기계 회사에서의 13년간을, 그리고 경영자로서 이제 3년을 사는 저는 이 책에서 말하는 기본 조건과 함께 필요한 조건들을 충족시키는 1만 시간 축적의 시간을 우연찮게 걸어온 것이었습니다. 남다른 고생도 많았지만, 그런대로 운이 좋았다고 할 수 있겠는데, 제가 만일 어느 한 길만을 고집해 30년이 넘는 세월을 올인했다면 저는 그저 평범한 대학교수 혹은 은퇴가 빠른 광고인이나 미래가 불확실한 한 벤처기업의 임원으로 경력을 마쳤을 것입니다.

100세 시대의 삶을 살아가야 하는 이 시대에 60세 정년도 못 채우고 한창나이에 직장 생활을 마감해야 하는 우리는 이제는 다른 패턴의 삶을 과감히 선택할 수 있어야 하고, 또 그런 길을 배우고 준비해서, 무엇보다 젊은이들에게 좋은 선례를 남기고 롤모델이 되어주어야 할 사회적인 의무감을 느낍니다. 이제 더 이상 예전처럼 좋은 대학을 나오면 좋은 직장이 보장되는 사회가 아닙니다.

학벌이나 연줄보다는 어느 분야에서든 일정한 시간을 투자해 적성에 맞으면서도 경계를 뛰어넘는 다양한 일들을 경험하며 평생 일하면서 먹고살 수 있는 경쟁력과 희소가치를 지닌 자신을 만들어나가야 할 필요가 있습니다. 그리고 그러한 시도와 준비에 구체적인 가이드가 되는 이 책이 여러분들에게 분명 큰 도움이 될 수 있을 것이라 믿습니다.

일본에서 이 책이 출판된 지 3년이 지난 지금의 시점에서 드물게도 최근 또다시 1만 부를 증쇄할 정도로 여전히 꾸준하게 팔리는 이유에 대한 해답은 굳이 더 설명할 필요 없이, 이 책이 먹고사는 일에 대한 새로운 패러다임과 그에 맞는 단순하면서도 적중 가능성 큰 구체적인 방법들을 제시하고 있기 때문입니다.

그리고 이는 일본에서뿐만 아니라 우리 대한민국 사회에서도 앞으로 더욱 분명하게 요구되고 제시되어야 할 해결책이라 확신합니다. 안이하게 평생직장을 구하고자 남들이 다 가는 길로 숨 막히는 경쟁을 하며 가거나, 어느 한 길만을 고집해 점점 경쟁력이 떨어지는 자신을 속수무책으로 놓아두면서 불합리한 사회 구조와 무능한 정부를 탓할 것인지, 아니면 비록 시작은 보잘것없을지라도 평생 일하며 먹고살 걱정이 없을 정도로 자기 자신의 희소가치를 증대시킬 수 있는 조건들을 시간을 들여 충족시킴으로써 어느 길로든 결국 끝까지 가는 사람이 될 것인지….

무엇보다 이 책이 특히 미래에 대한 희망적인 기대감보다는 답답함과 무력감을 쉽게 경험하고 사는 이 땅의 청춘들에게 작은 희망과 숨통이 되었으면 하는 바람입니다.

서승범 올림

어떤 사람이라도 올바르게 노력한다면
100만 명 중 1명의 존재가 될 수 있습니다

①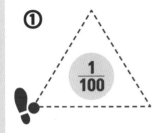

먼저 1만 시간(20대의 5~10년)을 들여 왼발 축을 세운다(삼각형의 기점 형성).

1가지 분야에서 100명 중 1명의 희소성을 확보한다.

나의 사례 | 리크루트 사에 입사 후 '영업과 프레젠테이션' 연습에 1만 시간을 투자했다.

②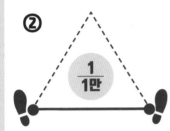

한 번 더 1만 시간(30대의 5~10년)을 들여 오른발 축을 세운다(삼각형의 밑변 형성).

이제 2가지 분야에서 100명 중 1명이 되었으므로 [1/100×1/100=1/10,000], 즉 1만 명 중 1명의 희소성을 확보했다.

나의 사례 | 30대에 1만 시간을 들여 '리크루트식 매니지먼트'를 익혔다.

③

또다시 1만 시간(40~50대)을 들여 최대한 멀찍이 발을 내디딘다(삼각형의 정점을 찍어 '대삼각형' 완성).

이로써 3가지 분야에서 100명 중 1명이 되었으므로 [1/100×1/100×1/100=1/100만], 즉 100만 명 중 1명의 희소성을 확보하게 된다. 세 번째 발자국은 최대한 멀리 디딜수록 삼각형의 면적이 넓어져서 '대삼각형'을 만들 수 있다.

나의 사례 | 40세에 회사에서 독립했고 47세부터 민간 교장으로 근무하며 1만 시간에 걸쳐 교육 개혁에 몰두했다.

이 삼각형의 면적의 크기는 당신의 일의 희소성을 나타내며,
이것에 의해 당신 인생의 자유도가 정해지는 것입니다.

상위 1%가 되기 위한 리셋 혁명

제1판 1쇄 2024년 11월 27일

지은이   후지하라 가즈히로   옮긴이   서승범
펴낸이   한성주
펴낸곳   ㈜두드림미디어
책임편집 최윤경
디자인   디자인 뜰채 apexmino@hanmail.net

㈜두드림미디어
등   록   2015년 3월 25일(제2022-000009호)
주   소   서울시 강서구 공항대로 219, 620호, 621호
전   화   02)333-3577
팩   스   02)6455-3477
이메일   dodreamedia@naver.com(원고 투고 및 출판 관련 문의)
카   페   https://cafe.naver.com/dodreamedia

ISBN   979-11-94223-19-1 (03320)